Somn

FRANÇAIS

MATHÉMATIQUE

Nombres

Statistique et probabilité

Géométrie

Mesure

Ce cailler
apartien

Français

a:

Jessy

L'ordre alphabétique

1 Relie les points de **a** à **z** dans l'ordre alphabétique. Tu découvriras ce qui est dessiné.

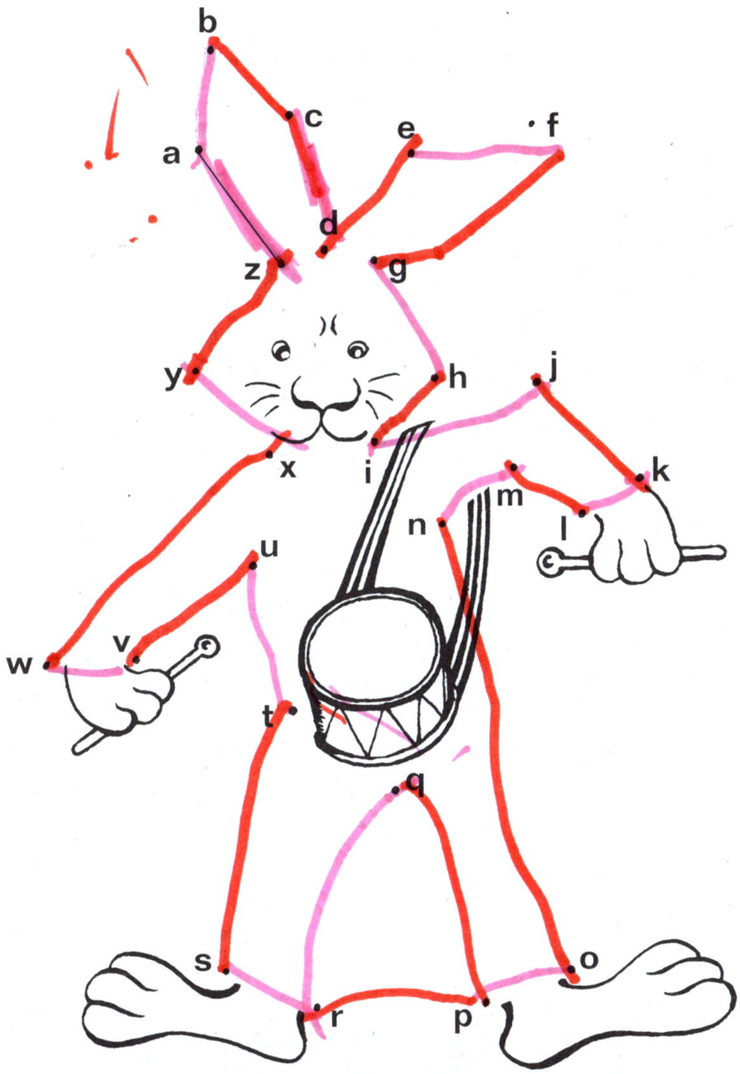

2 Écris les lettres de **a** à **n** dans l'ordre alphabétique.

3 Écris les lettres de **o** à **z** dans l'ordre alphabétique.

4 **Choisis dans le dessin 26 noms commençant chacun par une lettre différente de l'alphabet. Écris chaque nom choisi à la suite des lettres ci-contre. Attention à l'orthographe !**

a avion

b

c

d

e

f

g

h

i

j

k

l

m

n

o

p

q

r

s

t

u

v

w

x

y

z

5 **Classe les séries de lettres dans l'ordre alphabétique.**

b e d a c ____ abcdeklmno

m k l o n ____

6 **Écris la lettre qui précède selon l'ordre alphabétique.**

____ b ____ e ____ j ____ m ____ o

____ q ____ s ____ u ____ x ____ z

7 **Écris la lettre qui suit selon l'ordre alphabétique.**

c ____ g ____ k ____ v ____ h ____

f ____ t ____ w ____ a ____ i ____

8 **Indique par un chiffre la place des lettres suivantes dans l'alphabet.**

Exemple : a = 1 b = ____ e = ____

j = ____ o = ____ r = ____ t = ____

9 **Remplace chaque nombre par la lettre correspondante dans l'ordre alphabétique. Tu découvriras ce que dit le lapin !**

____ !

La ponctuation

1 Ajoute les points (.) dans le texte suivant.

L'arbre qui a souvent besoin d'un mouchoir est le saule pleureur. Le poisson qui n'a pas besoin d'eau est le poisson d'avril. L'animal qui ne va jamais chez le coiffeur est la chauve-souris.

2 Remets les mots de la phrase suivante dans l'ordre.

frère	son	Lili	et
sous	pluie.	la	chantent

Lili et son frère chantent sous la pluie

Calligraphie

1 Recopie à la page 11 une partie du texte ci-dessous en suivant les lettres pointillées. Puis, recopie la fin du texte de ta plus belle écriture.

Dans un petit village, au coeur des montagnes de Bohême, vivait autrefois une vieille femme, avec sa fille qu'elle chérissait et gâtait, et sa belle-fille, Jana, qui jamais ne pouvait trouver grâce à ses yeux. Tandis que la fille passait tout son temps paresseusement allongée sur un lit de duvet à déguster des gâteaux de miel, la pauvre Jana allait chercher du bois dans la forêt, tirait de l'eau au puits, rinçait le linge dans le torrent glacé et arrosait le jardin. Elle connaissait bien les frimas de l'hiver, le soleil de l'été, la douce brise du printemps et les pluies de l'automne.

Voici sans doute pourquoi, un beau jour, elle rencontra les douze mois de l'année.

James Riordan, « Les Douze Mois de l'Année »,
dans *Contes merveilleux du monde entier,* traduit de l'anglais
par Monique Chassagnol, Éditions G.P., 1984.

Dans un petit village, au cœur des montagnes de Bohême, vivait autrefois une vieille femme, avec sa fille qu'elle chérissait et gâtait, et sa belle-fille, Jana, qui jamais ne pouvait trouver grâce à ses yeux. Tandis que la fille passait tout son temps paresseusement

Les sons homophones é, er, ez

1 **Lis les phrases, puis recopie les mots soulignés dans la bonne colonne du tableau.**

Enfin l'été ! Le bébé respire l'odeur des fleurs avec son petit nez. Ensuite, il mangera son dîner avant d'aller chez son amie Zoé.

é	er	ez
l'été	dîner	nez
bebé	d'allen	chez
Zoé		

2 **Classe les noisettes de la plus petite à la plus grosse. Écris les lettres dans la bulle et tu sauras ce que dit l'écureuil.**

Les sons homophones è, ê, ai, ei

1 **Complète les mots avec è, ê, ai ou ei.**

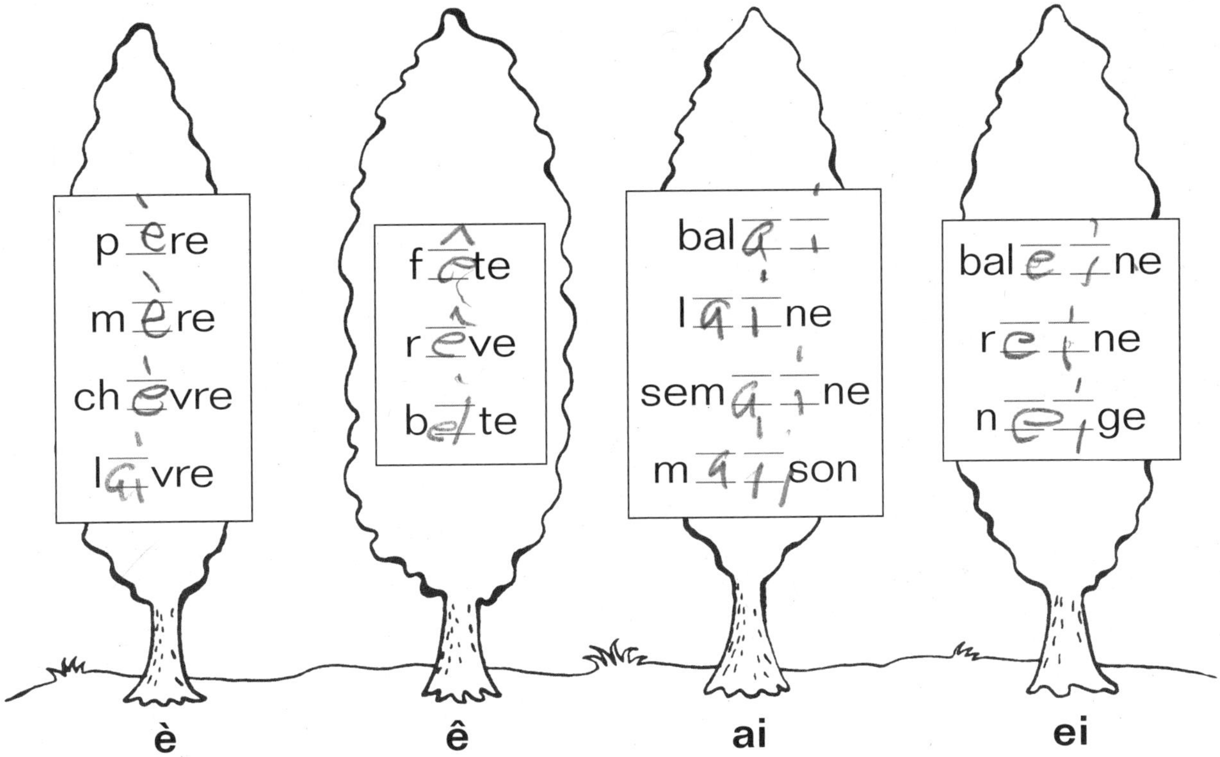

2 **Trouve les mots suivants dans la grille.**

baleine frère fête rêver laine

Écris dans la bulle les lettres qui restent. Tu trouveras ce que te dit la chèvre en plus de son cri.

f	r	è	r	e	b	ê
b	a	l	e	i	n	e
ê	f	ê	t	e	ê	b
l	a	i	n	e	r	a
r	ê	v	e	r	v	o

Les sons homophones an, en

1 Complète les pyramides. Aide-toi des définitions.

Protège les mains du froid.
Il peut souffler très fort.
29 + 1
Pousse dans la terre.
Patienter
Congés
Précaution
Elle fabrique du pain.

				a	n				
				a	n				
				a	n				
				a	n				
				a	n				

				e	n				
				e	n				
				e	n				
				e	n				
				e	n				

Les sons homophones **in, ain, ein**

1 **Écris chaque mot de la liste à côté de sa définition.**

main matin lapin pain peintre
raisin frein train patin

- **a** Animal aux grandes oreilles : lapin
- **b** Fruit de la vigne : raisin
- **c** Début de la journée : Matin
- **d** Chaussure fixée sur une lame : flein
- **e** Partie du corps qui sert à saisir : Main
- **f** Aliment qui se mange souvent grillé : Pain
- **g** Véhicule qui roule sur des rails : Patin
- **h** Mécanisme qui sert à arrêter : train
- **i** Artiste qui fait de la peinture : Peintre

2 **Complète les mots avec -in ou -ain.**

Ce mat in, mon cous ain a mangé mon bout de p ain et ma grappe de rais in. Il est allé se cacher dans le jard in.

g ou j

1 **Complète en écrivant la lettre g ou la lettre j.**

Bon___our !
Je m'appelle Geor___es.
Qu'il pleuve ou qu'il nei___e, ___e porte
tou___ours un chapeau quand ___e
voya___e loin de mon villa___e.
Mes amis me trouvent ___entil.
Les autres sont des ___aloux.

___e m'appelle ___eanne.
Mon père est boulan___er.
___'aime le ___aune et le rou___e.
J'adore les sin___es et les ___irafes.
Tous les ___ours, pour dé___euner,
___e man___e une oran___e.

Les majuscules

1 Corrige le texte en remplaçant si nécessaire les lettres minuscules par des majuscules.

L'été dernier, sophie et son ami antoine ont fait un merveilleux voyage. Ils ont traversé le canada en mangeant des atacas. Ils ont survolé le mexique et l'afrique et se sont arrêtés à montréal. Ils ont rapporté beaucoup de cadeaux : une trompette de québec à romain, un cheval du sénégal à patricia et un dromadaire du niger à sarah.

m devant m, p, b

Attention ! Devant un **m**, un **p** et un **b**, on trouve plutôt un **m** qu'un **n**. Sauf dans les mots **bonbon** et **bonbonnière,** par exemple !

1 **Complète les mots avec n ou m.**

Te___pête ou pas, chaque dima___che, j'acco___pagne ma ta___te au marché. Le marcha___d ve___d des po___mes, des le___tilles, des conco___bres, du ja___bon, des cha___pignons et des bo___bons. Dima___che dernier, j'avais oublié mon i___perméable et la pluie to___bait à boire debout. Je suis re___tré tout mouillé. Ta___t pis ! L'i___portant, c'est d'avoir quelque chose à se mettre sous la de___t.

2 **Lis les mots.**

une campagne	un tambour	un pompier
un bonbon	compter	grimper
une chambre	nombreux	une trompette

a **Souligne les lettres p et b.**

b **Entoure la lettre qui est devant p ou b.**

c **Colorie en rouge le mot intrus.**

3 **a** **Entoure le premier m de chaque mot.**

un concombre	un tambour	une ombre
une campagne	une tempête	un timbre
une commission	emmener	grimper

b **Quelles lettres viennent après les m que tu as entourés ?**

___ ___ ___

4 **Entoure dans la grille les mots de la liste. Écris les lettres qui restent dans la bulle.**

impossible
important
commencer
trompette
compote

i	m	p	o	s	s	i	b	l	e
b	i	m	p	o	r	t	a	n	t
o	c	o	m	m	e	n	c	e	r
n	t	r	o	m	p	e	t	t	e
c	o	m	p	o	t	e	b	o	n

Les noms communs et les noms propres

Un nom commun est un mot qui désigne une personne, un animal ou une chose.
Exemples: Un **enfant**, le **singe**, ma **bicyclette**.
Un nom propre commence toujours par une majuscule. Exemples: **Émilie**, **Québec**.

1 Coche la case appropriée.

	Nom commun	**Nom propre**
mouton	☐	☐
Arthur	☐	☐
pantalon	☐	☐
Halloween	☐	☐

2 Souligne les noms communs en bleu et les noms propres en rouge.

Bigoudi, mon chat, ne ronronne pas. Mon chat est l'ami des dames souris et des petits rats du grand Opéra. Tu peux lui donner des balles ou des bobines, comme tu devines, il ne joue jamais. Bigoudi, mon chat, doit te sembler cruche ? Mais détrompe-toi : il est en peluche.

D'après Pierre Coran, *Chats qui riment et rimes à chats*, coll. « Plus », Hurtubise HMH, 1994.

3 **Trouve cinq noms communs et cinq noms propres représentés dans le dessin. Écris-les dans la colonne appropriée.**

Noms communs	**Noms propres**

Les noms
au masculin et au féminin

Je suis ton **ami** le **lapin** !

Je suis ton **amie** la **lapine** !

1 **Entoure dans la grille les mots de la liste. Écris les lettres qui restent et tu trouveras le mot mystère.**

cousine
fleur
voisine
marchande
amie
lapine

f	v	o	i	s	i	n	e	é
f	l	e	u	r	a	m	i	e
m	l	a	p	i	n	e	i	n
m	a	r	c	h	a	n	d	e
c	o	u	s	i	n	e	i	n

mot mystère : feminin

2 **Écris au féminin.**

Un lapin, une ______________.

Un cousin, une ______________.

Un voisin, une ______________.

Un marchand, une ______________.

Les noms en **ail**, **eil** et **euil**

1 **Écris le déterminant un ou une devant chaque mot.**

______ éventail	______ travail	______ bataille
______ soleil	______ bouteille	______ corneille
______ fauteuil	______ écureuil	______ feuille

2 **Complète les déterminants et écris le mot qui correspond au dessin.**

L'  ______________________ met u______ 

______________________ dans u______  ______________________

et se protège du  ______________________ à l'aide

d'u______  ______________________.

Les familles de mots

Voici quelques membres
de la famille **dent**.

dentiste

dentifrice

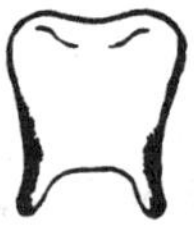

dent

dentier

1 **Relie les mots de la même famille.**

dent	joyeux
courir	bavarder
an	dentiste
chant	coureur
joie	chanter
ami	amitié
bavard	année

2 **Chacun des mots suivants en renferme un plus petit. Encercle-le.**

année	cinquante	finir	deuxième
personnel	dentiste	camper	amical
troisième	cinquième	chanter	beauté

3 Tous les mots ci-dessous sont de la même famille que **terre**. Trouve-les dans la grille et entoure-les.

atterrir
terrier
terrain
terrestre
souterrain

b	p	a	t	t	e	r	r	i	r
s	o	u	t	e	r	r	a	i	n
n	t	e	r	r	e	s	t	r	e
p	t	e	r	r	a	i	n	w	e
u	d	v	t	e	r	r	i	e	r

4 Complète la grille par le petit mot dans chaque grand mot.

1. beauté
2. terrestre
3. année
4. venteux
5. ourson

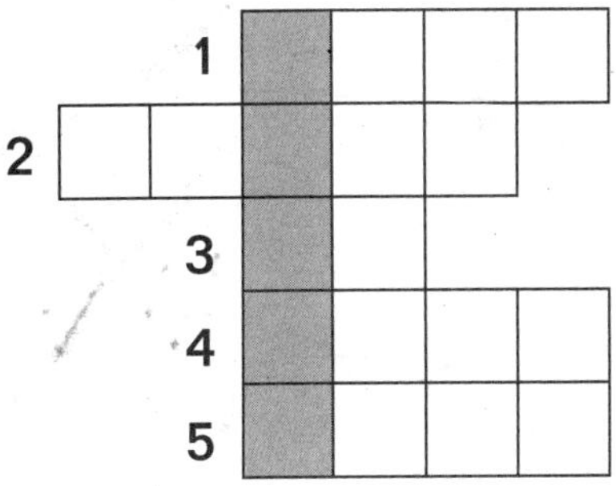

Lis le mot qui apparaît dans les cases grises.

5 Trouve un mot de la même famille.

courage ______________________

malheur ______________________

amour ______________________

silence ______________________

Les déterminants

Les déterminants accompagnent le nom. Ils font partie du groupe du nom. Ils sont toujours placés avant le nom.

1 **Écris les principaux déterminants. Sers-toi du code.**

 = a  = e  = u  = o  = s

Déterminants au singulier

Déterminants au pluriel

2 **Complète les phrases avec des déterminants de ton choix.**

a) ______ petite fille a attrapé ______ diable insupportable.

b) ______ monstre a ______ oreilles pointues.

c) ______ yeux lancent ______ éclairs.

3 **Souligne tous les déterminants du texte.**

– (...) Nous sommes des milliers de petits diables dispersés à travers le monde. Et nous aimons importuner les gens; c'est notre métier. Nous sommes responsables de tous les désagréments de la vie...

Furieuse, Zoé enfonça le diable dans une chaussette. Elle le ficela à l'aide d'un lacet et le jeta au fond d'un tiroir. Saucissonné comme une momie, le petit diable fulminait ! Des jets de vapeur sortaient de ses oreilles en sifflant ! Des flammes jaillissaient de ses naseaux ! Et ses petits yeux rouges lançaient des éclairs !

Sylvain Trudel, *Zoé et les petits diables*,
coll. « Plus », Hurtubise HMH, 1997.

4 **Choisis dans la liste ci-dessous un déterminant différent pour chaque mot.**

un	**le**	**mon**	**ton**	**son**	**ce**
une	**la**	**ma**	**ta**	**sa**	**cette**

________ masque	________ gant	________ casquette
________ circuit	________ but	________ chandelle
________ prise	________ balle	________ ceinture
________ gourde	________ bâton	________ pantalon

5 **Écris le déterminant qui convient.**

Quand (mon / ma) ________ frère joue au base-ball, je lui prête (mon / ma) ________ bicyclette. Il met (son / sa) ________ belle casquette bleue et (son / sa) ________ pantalon rouge. Il apporte (un / une) ________ gourde et (un / une) ________ kiwi, (un / une) ________ orange sans (le / la) ________ pelure. Il prend (le / la) ________ chemin (le / la) ________ plus court et s'en va en sifflant sans oublier (son / sa) ________ gant.

6 **Pour compléter la grille, attribue à chaque illustration les déterminants masculins ou féminins qui conviennent. La première colonne te sert d'exemple.**

	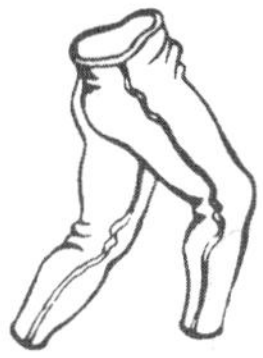					
le	X					
la						
un	X					
une						
ce	X					
cette						
mon	X					
ma						
ton	X					
ta						
son	X					
sa						

Le groupe du nom

Le groupe du nom est formé d'un nom commun accompagné d'un déterminant. Dans le groupe du nom, le nom est le mot principal.

1 Parmi les mots suivants, entoure les quatre noms.

un cette jardinier mon leur sa le une
des vos crocodile Roger nos trois les
son pommier ta notre ses votre

2 Complète les phrases par le groupe du nom qui convient.

l'eau le feu le bâton le loup la chèvre

La chèvre boit ______________________.

L'eau éteint ______________________.

Le feu brûle ______________________.

Le bâton assomme ______________________.

Le loup mange ______________________.

3 Entoure tous les groupes du nom.

La chèvre aime beaucoup ses chevreaux. Le matin, avant le déjeuner, elle lave leur museau et brosse leur pelage. Quand ils jouent dans la cour, elle surveille toujours le chien de la voisine pour qu'il ne vienne pas embêter ses petits.

4 Écris un groupe du nom qui correspond à chaque illustration.

Exemple :  Le skieur

 ____________________

 ____________________

 ____________________

 ____________________

Lecture et compréhension

1 Lis le texte ci-dessous et réponds aux questions de la page suivante.

Madame Corbeau était très grosse et son plumage était d'un noir luisant. Quand elle était petite, quelqu'un lui avait dit qu'elle avait une jolie voix (pour un corbeau). Depuis ce jour, elle se prenait pour une chanteuse d'opéra. Elle était insupportable.

Elle se pavanait dans la ville, fermait les yeux, rejetait la tête en arrière et poussait des cris perçants, les yeux clos. Elle ne voyait pas que tout le monde fuyait en se bouchant les oreilles. Madame Corbeau était une vraie plaie.

D'après Tony Ross, *Rusés comme un renard,*
traduit de l'anglais par E. Motsch, Circonflexe, 1993.

a Vrai ou faux ?

	vrai	faux
Madame Corbeau était très maigre.	☐	☑
Le plumage de Madame Corbeau était noir.	☑	☐
Madame Corbeau se prenait pour une chanteuse de rap.	☐	☑

b Est-ce que Madame Corbeau avait une belle voix ?

____

____

c Madame Corbeau chantait-elle les yeux ouverts ou les yeux fermés ?

____

____

d Quand Madame Corbeau chantait, est-ce que les gens s'approchaient d'elle ou se sauvaient ?

____

____

LE GRAND JEU

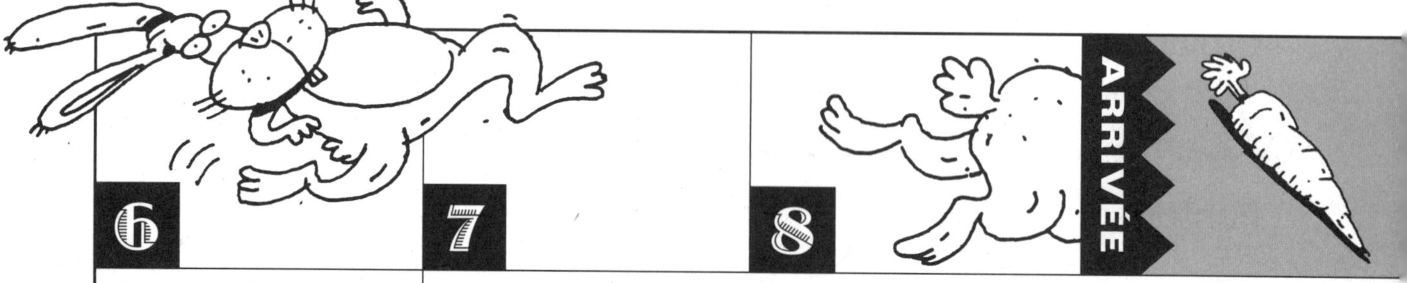

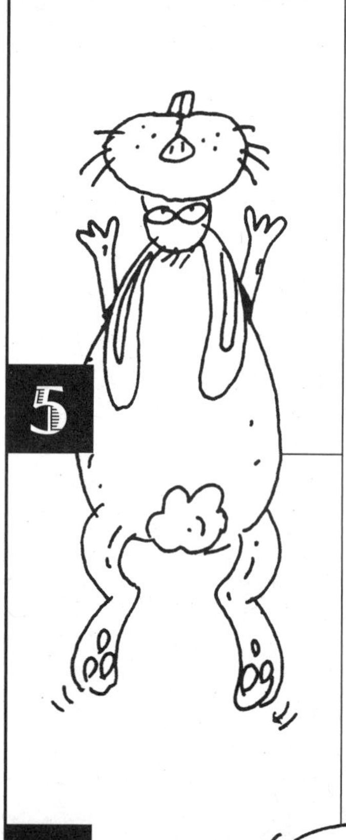

Nombre de joueurs : deux. Il faut un pion et une pièce de monnaie par joueur. On tire à la courte paille pour déterminer celui ou celle qui fait le lièvre ou la tortue. Le lièvre est le premier à jouer. Il lance sa pièce de monnaie. Si elle tombe du côté face, il ne bouge pas : c'est alors au tour de la tortue

Questions pour le lièvre

1. Trouve trois noms communs de ton choix.
2. Quelle est la 9e lettre de l'alphabet ?
3. Quel est le pluriel des déterminants suivants ?
   mon ton son
4. Comment reconnaît-on un nom propre ?
5. Épelle le chiffre *7*
6. Vrai ou faux ?
   Le déterminant qui accompagne un nom au singulier se met au singulier.
7. Présent ou passé ?
   Hier, je suis allé me promener.
8. Quel est le groupe du nom ?
   J'aime les roses.

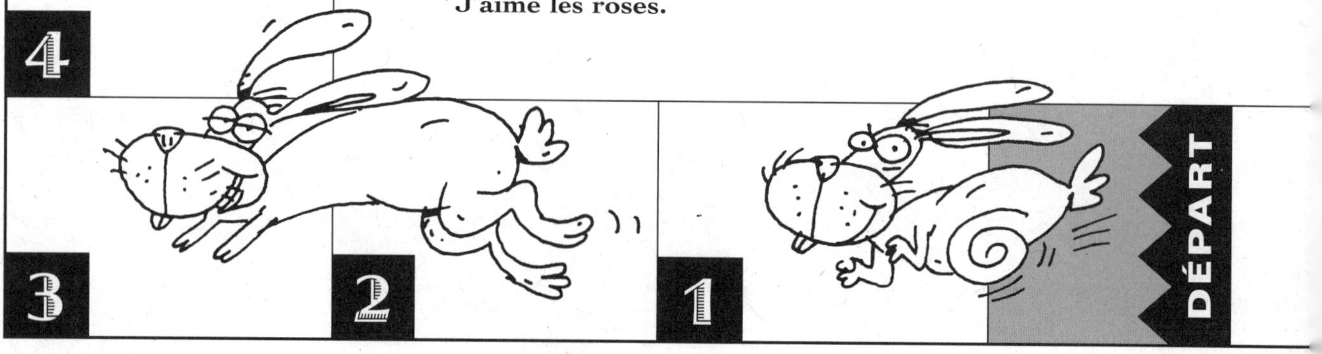

du  et de la 

ARRIVÉE

8 7 6

de jouer. Si la pièce tombe du côté pile, le lièvre avance d'une case et doit répondre correctement à la question correspondante pour rejouer. S'il n'a pas la bonne réponse, c'est au tour de la tortue de jouer. Le but du jeu est d'atteindre le premier la case d'arrivée.

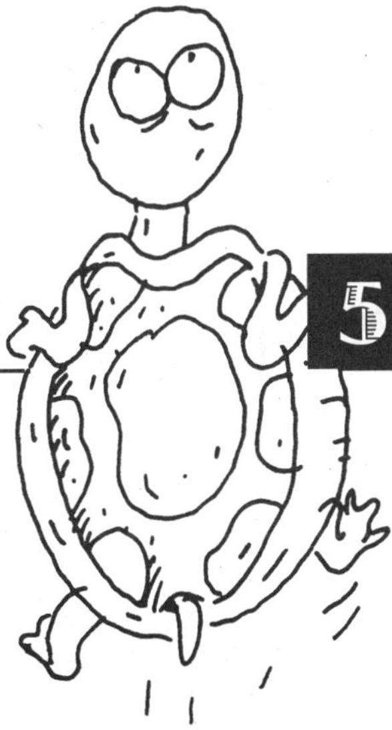

5

4

Questions pour la tortue

1 Trouve trois noms propres de ton choix.
2 Quelle est la 10e lettre de l'alphabet ?
3 Corrige la faute.
Attache bien tes lacet.
4 Quel est le pluriel des déterminants suivants ?
notre votre ce
5 Qu'est-ce qu'un pronom ?
6 Quel est le groupe du nom ?
Mes sœurs chantent faux.
7 Présent ou futur ?
Demain, j'irai me promener.
8 Épelle le chiffre **9**.

DÉPART

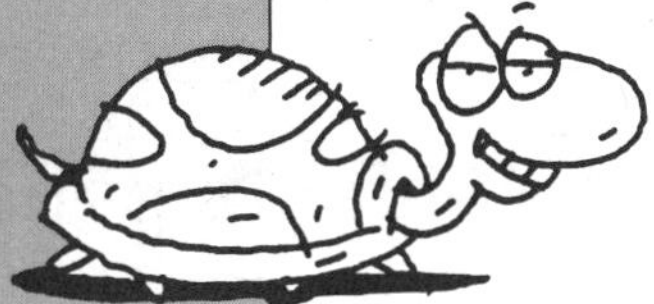

1

2 3

L'accord dans le groupe du nom

1 **Relie chaque groupe de déterminants singuliers à son déterminant pluriel.**

le / la / l' — un / une — mon / ma — ton / ta — son / sa

des — les — mes — ses — tes

2 **Choisis le déterminant qui convient : un, une ou des.**

_____ orange**s** _____ banane _____ citron**s**

_____ kiwi _____ concombre**s** _____ pêche**s**

3 **Mets les déterminants soulignés au pluriel.**

La clôture de mon voisin.

_____ clôture**s** de _____ voisin**s**.

L'oreille de ton chien.

_____ oreille**s** de _____ chien**s**.

4 **Entoure le déterminant qui convient.**

Madame guenon cherche (un / une / des) pou**x** dans (le / la / les) tête de (son / sa / ses) enfant**s** pendant qu'ils mangent (un / une / des) banane**s**.

5 Écris correctement le mot illustré par chaque dessin.

 ______________________

 ______________________

 ______________________

 ______________________

6 Ajoute **le** ou **les** devant les mots.

_____ tigre**s** _____ hibou _____ chat**s** _____ lion**s**

_____ cheval _____ renard**s** _____ loup**s** _____ crapaud

7 Entoure l'intrus.

les pommes
un cornichon
ses bonbons
des hippopotames

deux poires
des raisins
trois bananes
six livres

ces bicyclettes
cinq ballons
quatre poupées

8 **Attention ! Ce texte contient quatre fautes ! Corrige-le en portant une grande attention aux noms au pluriel.**

C'est nous les petits lapins,
les vrais, les fameux lapins,
qui frappons comme des sourd
la peau de nos tambour.

Par les chemin ténébreux
nous défilons deux par deux,
pour battre le couvre-feu.
Rapataplan, plan, plan !

Si nous réveillons les enfant,
c'est qu'il est urgent,
rataplan, plan, plan,
urgent de les prévenir
qu'ils doivent dormir.
Rataplan, rapataplan, rataplan !
Plan, plan, plan !

Les lettres muettes

Pour savoir si un mot se termine par une lettre muette, on peut :
Mettre ce mot au féminin. Exemple : grand → grande.
Trouver un mot de la même famille.
Exemple : repos → reposer

1 Entoure les mots qui se terminent par une lettre muette.

six noix dix doux index gaz nez huit nuit
fil outil gentil cil sac tabac

2 Écris les mots au masculin et souligne la lettre muette.

petite : ______ froide : ______ laide : ______
courte : ______ lourde : ______ longue : ______
grise : ______ grosse : ______ blanche : ______

3 Complète les noms par la lettre muette qui manque. Aide-toi du mot de la même famille.

respecter → le respec ___
montagne → un mon ___
border → le bor ___
bondir → un bon ___
refuser → un refu ___
tapisserie → un tapi ___
partir → un dépar ___
chanter → le chan ___
sauter → un sau ___
galoper → le galo ___
regarder → le regar ___
sangloter → un sanglo ___

Les nombres écrits en lettres

1 **Observe l'illustration et réponds aux questions.**

Écris les réponses en lettres.

a) Combien y a-t-il d'enfants ? ____________

b) Combien y a-t-il de sapins ? ____________

c) Combien y a-t-il d'arbres ? Plus de 5, plus de 10 ou plus de 15 ? Plus de ____________.

2 **Écris les résultats en lettres.**

a) cinq + deux = ________

b) six – un = ________

c) dix – un = ________

d) trois + trois = ________

e) quatre + quatre = ________

f) cinq – trois = ________

Les petits mots invariables

1 Complète le texte avec le mot qui convient.

par quand souvent dans et

__________ le soleil brille, je suis heureux.

Je saute __________ mes espadrilles __________

je vais promener mes boeufs. Ils s'en vont deux

__________ deux. Je joue __________ aux billes.

Les accents

1 **Aide chaque enfant à retrouver le chemin de sa maison.**

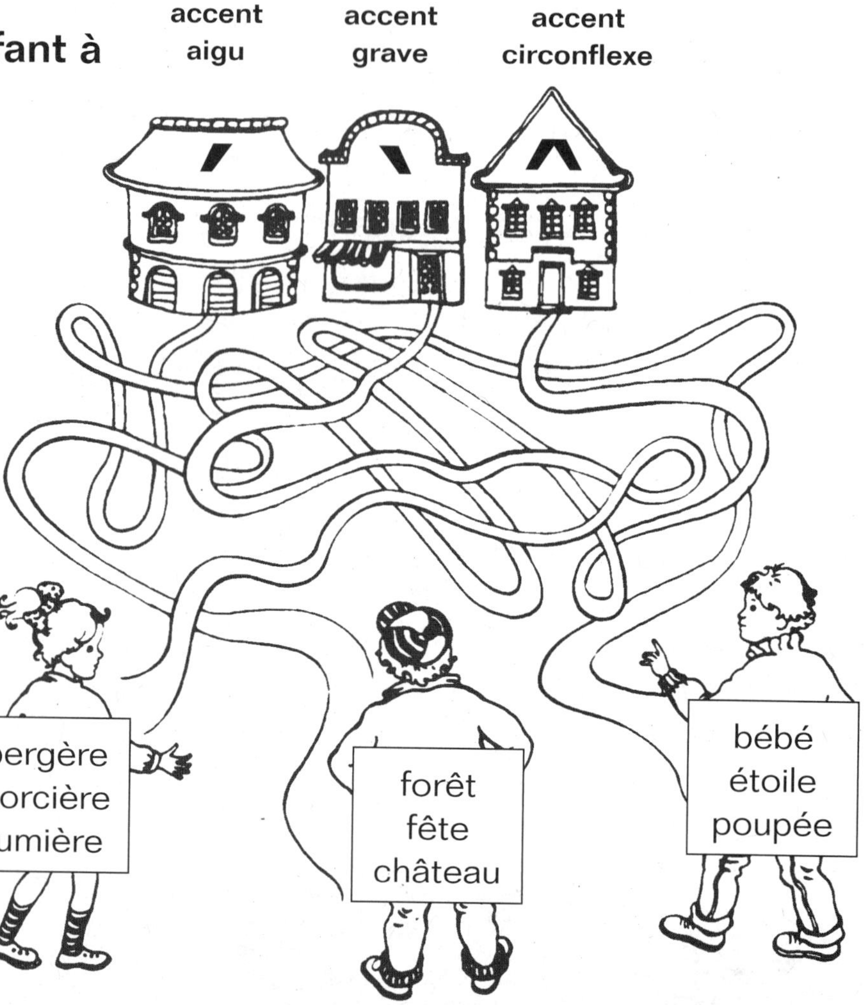

2 **Dans chaque série de mots, entoure l'accent qui diffère des autres.**

Exemple : un **é**l**é**phant – une **é**chelle – un b**é**b**é** – un li**è**vre

a) une **é**toile – une chemin**é**e – une lumi**è**re – une **é**cole

b) premi**è**re – une rivi**è**re – un c**é**leri – un fr**è**re – un p**è**re

c) une fen**ê**tre – un v**ê**tement – une m**è**re – une p**ê**che

3 **Trouve dans l'illustration deux mots qui s'écrivent avec un accent aigu (´), deux mots qui s'écrivent avec un accent grave (`) et deux mots qui s'écrivent avec un accent circonflexe (^). Écris-les à l'endroit qui convient.**

accent aigu : ______________________________

accent grave : ______________________________

accent circonflexe : ______________________________

4 **Écris dans les ◯ é, è, ê ou â.**

La fermi◯re Gis◯le organise une grande f◯te au ch◯teau. Tout le monde doit arriver d◯guis◯. Il y aura un bal sous les ◯toiles, une p◯che au tr◯sor et de la cr◯me glac◯e pour tous les invit◯s.

Les pronoms

Le pronom est un mot qui remplace un groupe du nom.
Le pronom sert à éviter de répéter le groupe du nom.
Exemples : Samuel mange un caramel.
Il mange un caramel. (**Il** remplace Samuel)
Samuel **le** mange. (**le** remplace un caramel)

1 **Écris le groupe du nom qui est remplacé par le pronom souligné.**

Exemple : Chloé est très sportive. Elle joue au hockey.
Elle remplace **Chloé**.

a Cette pomme est pourrie. Je ne la mangerai pas !
la remplace ______________________

b Mes soeurs se sont disputées.
Elles ne se parlent plus.
Elles remplace ______________________

c Ah ! Ah ! Mes coquins, je vous attraperai !
vous remplace ______________________

d J'ai perdu mon chapeau. Je dois le trouver.
le remplace ______________________

2 Raye les groupes du nom soulignés, puis écris à l'endroit indiqué un pronom pour les remplacer.

Exemple : Grégoire a la varicelle.
~~Grégoire~~ **Il** est découragé.

a) Tatiana fait de la danse. Tatiana ____________ rêve de devenir ballerine.

b) Regarde mes billes. Mes billes ____________ brillent au soleil.

c) J'ai trouvé une grenouille. Je vais ____________ nourrir la grenouille.

d) Tu n'aimes pas ce biscuit ? Je ____________ mangerai ce biscuit à ta place.

e) Donne-moi tes crayons, je vais ____________ tailler tes crayons.

Les homonymes

> Attention ! Les homonymes sont des mots qui se prononcent et parfois s'écrivent de la même façon mais qui ne veulent pas dire la même chose.

1 Relie chaque mot à l'illustration qui lui convient.

A •   • verre

B •   • ver

2 Relie chaque mot à l'illustration qui lui convient.

A •   • mer

B •   • mère

3 De quel mot s'agit-il ?

a) Une maman : ______________________________

b) L'habitat des dauphins : ______________________________

4 Relie chaque mot à l'illustration qui lui convient.

A 

 B

- laid
- lait

5 Après chaque orange, écris un des mots suivants.

mère mer laid lait verre ver

Ma ____________ est partie au bord de la ____________. En chemin, elle a rencontré un monstre très ____________ qui buvait un ____________ de ____________. L'horrible bête était à quatre pattes dans l'herbe pour chercher un ____________ de terre. Maman lui a dit : « Que faites-vous là, monstre très ____________ ? » Celui-ci lui a répondu : « Je bois du ____________ dans un ____________. Voulez-vous partager ma collation ? » Ma ____________ s'est écriée : « Oh merci ! vous êtes très gentil ! »

Lecture et compréhension

Lis le texte ci-dessous et réponds aux questions de la page suivante.

Ce matin-là, Charles Robidoux se lève de fort mauvaise humeur. La cassette de bois dans laquelle il cache ses pièces d'or a disparu.

— Flo ! Où as-tu mis ma cassette ? hurle-t-il en apercevant sa fille.

— Je te jure que je n'y ai pas touché papa, répond Flo, craintive.

— Si c'est toi qui l'as prise, je vais te montrer de quel bois je me chauffe, ma fille.

Flo, craignant par-dessus tout la colère de son père, s'éloigne en hâte de la maison.
« Comment faire pour aider mon père à retrouver sa cassette et sa bonne humeur ? » se demande-t-elle.

Danielle Marcotte, *Par la bave de mon crapaud*, Ovale, Québec, 1984.

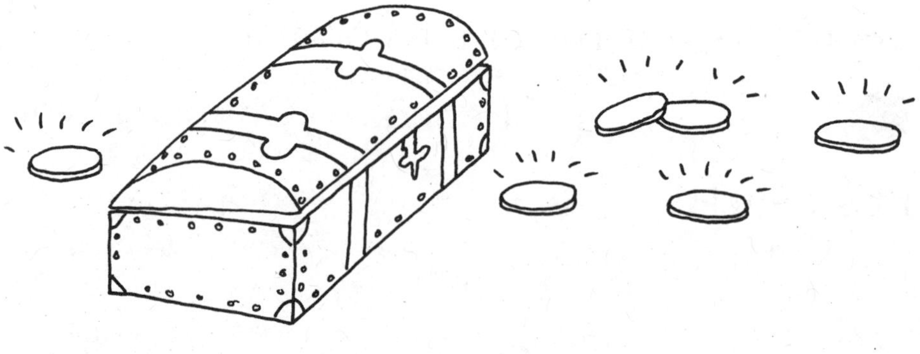

1 **À quel moment de la journée se passe l'histoire ? Entoure la bonne réponse.**

a) le matin b) le midi c) le soir

2 **Charles Robidoux est-il de bonne humeur ? Entoure la bonne réponse.**

Oui Non

3 **Où Charles Robidoux cache-t-il ses pièces d'or ?**

____

____

4 **Vrai ou faux ?**

Charles Robidoux soupçonne son fils d'avoir pris sa cassette.

____

____

5 **« Je vais te montrer de quel bois je me chauffe » signifie :**

a) Je vais te faire un feu de camp.

b) Je serais très fâché.

c) Je partirai en voyage.

____

____

6 **Vrai ou faux ?**

Flo se précipite dans sa chambre parce qu'elle a peur de son père.

____

____

La phrase

Une phrase est un ensemble de mots qui commence par une majuscule et se termine par un point.
Exemple : Les enfants sautent à la corde.

1 Combien y a-t-il de phrases dans chaque comptine ?

a) Crème glacée, limonade sucrée,
dis-moi le nom de ton cavalier.
Réponse : ______

b) Dos à dos, face à face,
donnez-vous la main et changez de place.
Dos à dos, face à face,
ferme les yeux et sors du jeu.
Réponse : ______

c) Pim pomme d'or à la révérence,
y'a qu'un roi qui demeure en France.
Adieu les amis,
la guerre est finie.
Pim pomme d'or, c'est toi qui auras l'or.
Réponse : ______

2 Écris les mots dans le bon ordre pour en faire des phrases.

a voitures les aiment Mes frères.

b Je jamais grognon ne suis.

c épinards ne pas veux Je manger ces.

d aimes la framboise de confiture Tu.

e Tu gros as chien un.

f huit a Elle ans.

La phrase au présent ou au passé

Au présent, l'action se produit au moment où l'on parle.
Au passé, l'action s'est produite avant le moment où l'on parle.

1 Présent ou passé ? Coche la case qui convient, puis souligne le mot qui t'a permis de trouver la réponse.

	Présent	Passé
Exemple : Autrefois, j'aimais beaucoup les pissenlits.		x
a Maintenant, je préfère le myosotis et la rose.		
b Hier, j'ai accroché sept violettes à ma casquette.		
c Le mois dernier, les pommiers étaient en fleurs.		

La phrase au futur

Au futur, l’action n’a pas encore eu lieu au moment où l’on parle.

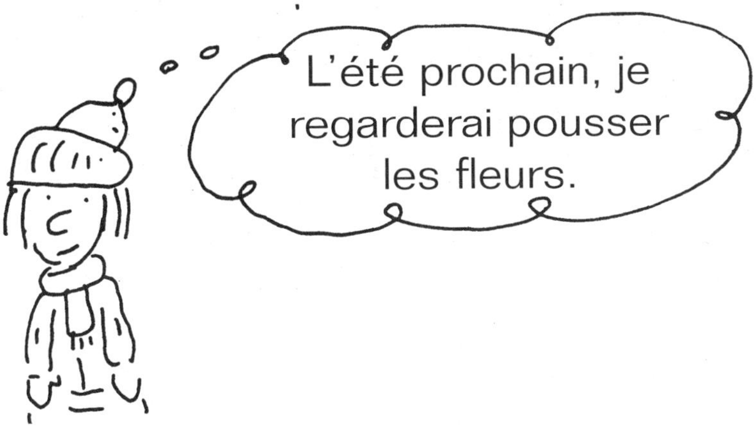

1 Souligne en vert les phrases au futur.

a) Aux quatre coins du lit, il y a des bouquets de pervenches.

b) La semaine prochaine, je t’offrirai une branche de lilas.

c) Demain, j’irai me balancer au parc.

d) Nous arroserons les tulipes tout à l’heure.

e) J’aime bien planter du muguet.

f) Hier, nous sommes allés nous promener dans les bois.

Enrichissement
Les adjectifs

Les adjectifs sont des mots qui ajoutent une précision au nom qu'ils accompagnent.

1 Souligne les adjectifs.

Florence avait des chats gras comme des voleurs ou minces comme des fils de fer. Florence était heureuse avec ses chats et ses chats étaient heureux avec elle et cela se voyait sans lunettes. Florence habitait un petit village où tout le monde la connaissait.

Robert Soulières, *L'homme qui venait de la mer*, coll. « Plus », Hurtubise HMH, 1991.

2 **Déchiffre la règle. Chaque nombre correspond à une lettre selon l'ordre alphabétique.**

Exemple : 1 = a, 2 = b, 3 = c, etc.

12' ___ '

1 - 4 - 10 - 5 - 3 - 20 - 9 - 6 ______________

6 - 1 - 9 - 20 ______________

16 - 1 - 18 - 20 - 9 - 5 ______________

4 - 21 ______

7 - 18 - 15 - 21 - 16 - 5 ______________

4 - 21 ______

14 - 15 - 13 ______________

3 **Complète les groupes du nom avec l'adjectif qui convient.**

maigre gros méchant

a un ______ chat **b** un chat ______ **c** un chat ______

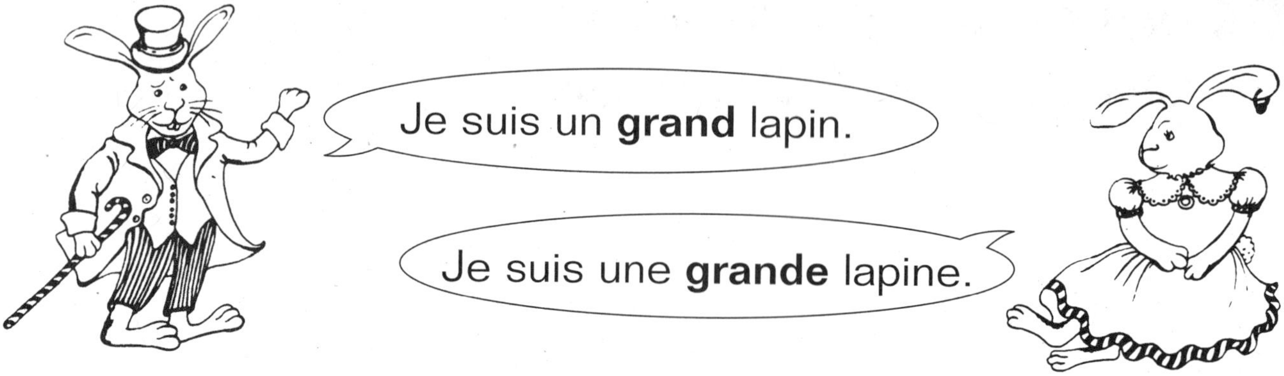

4 Écris l'adjectif au féminin.

Un grand lapin, une ________________ lapine.

Un voisin courtois, une voisine ________________.

5 Complète les phrases avec l'adjectif qui convient.

La feuille est (vert / verte) ________________

Le bonbon est (bon / bonne) ________________

La rivière est (profond / profonde) ________________

La montagne est (haut / haute) ________________

6 Relie les mots qui vont ensemble.

La •	• moustache	• épais
Le •	• sourcil	• fine

7 Écris les adjectifs au masculin.

La petite voisine est blonde.

Le ______________ voisin est ______________.

La marchande distraite a une copine patiente.

Le marchand ______________ a un copain ______________.

8 Écris les adjectifs au féminin.

J'aime le charmant chien de mon petit cousin.

J'aime la ______________ chienne de ma ______________ cousine.

Le chat gris est content.

La chatte ______________ est ______________.

Un garçon énervant

Une fille ______________

Dictées

Le roi gris

Complète le texte. Choisis dans la marge, au numéro correspondant, les lettres ou le mot qui conviennent.

Certains disaient que le r______ [1] n'était qu'un esprit, une espèce de fant___me [2] ; pour d'autres, c'était un monstre horrible, avec plusieurs bras, une tête de taureau, des ______ [3] de vautour et une ______eue [4] de serpent. Les uns disaient qu'il crachait du feu, les autres prétendaient qu'il n'avait jamais existé. On racontait aussi qu'il avait été tué un jour par un chevalier de passage. On disait encore beau______ [5] d'autres sottises. Mais il ne faut pas croire tout ce que la rumeur colporte. Ce roi était tout à fait un être ______main [6], comme toi et ______ [7].

1. -oua / -oi
2. -ô / -o
3. ailes / aile
4. q- / qu-
5. -cou / -coup
6. hu- / u-
7. moi / mois

Il avait deux bras, deux ja_____bes **8**, un nez au milieu de la __________ **9** et deux __________ **10**, une de chaque côté de la tête.

8 -m
-n

9 figure
figures

10 oreilles
oreille

Mireille Brémond, *Le Roi gris*, coll. «Plus», Hurtubise HMH, 1997.

Entraîne-toi à bien écrire.

c

C

As-tu bien compris le texte ?

1. Le monstre a la tête de quel animal ?

Il a une tête de __________.

2. On racontait que le roi avait été tué. Par qui ?

Par un __________ de passage.

Le trésor

Complète le texte. Choisis dans la marge, au numéro correspondant, les lettres ou le mot qui conviennent.

Il fait très ch_____ [1]. La route gri___pe [2] le long d'une montagne. Charlie et ___éa [3] marchent d'un pas décidé. Lorsqu'ils arriv_____ [4] au sommet, un _____me [5] surgit d'un buisson, un bâton à la m_____ [6].

«Ah ! Te voilà sale chien ! hurle-t-il mena___ant [7]. Ton maître ne doit pas être très loin. Tu _____ [8] pouvoir me conduire jusqu'à lui.

1 -au
-aud

2 -m
-n

3 L-
l-

4 -e
-ent

5 hom-
om-

6 -ain
-in

7 -c
-ç

8 va
vas

— Qui es-tu ? ose demander ___éa [3]

tremblante de peur. Tu connais Charlie ?

— Et ________ [9] ! crie l'________me [5] en

se tournant vers la ________ [10] fille.

Tu sais sans doute où se trouve ce maudit

marin et son trésor.

Els Pelgrom, *Capitaine Charlie*, traduit par M.-E. de Grave et E. Vert, coll. «Étoile», Hurtubise HMH, 1998.

[9] toi
toit

[10] petite
petit

Entraîne-toi à bien écrire.

g ________ G ________

h ________ H ________

As-tu bien compris le texte ?

1. Où habite un montagnard ?

Un montagnard habite à la ________.

2. Selon toi, Charlie est un garçon ou un chien ?

Charlie est un ________.

Un long nez

Complète le texte. Choisis dans la marge, au numéro correspondant, les lettres, le mot ou le signe de ponctuation qui conviennent.

Elle regarde ses ________ [1] à tour de rôle.

— Enfin ! Est-ce que j'ai l'______bitude [2] de raconter des menson___es [3], moi ?

Sans hésiter, Zaza, Jojo☐ [4] Ti-Tom, Boris et même ___harlotte [5] font oui de la tête.

— Si tu étais Pinocchio, rigole Zaza, tu aurais le n______ [6] long comme ça.

[1] amis
ami

[2] ha-
a-

[3] -j
-g

[4] ☐.☐ ☐,☐

[5] C-
c-

[6] -er
-ez

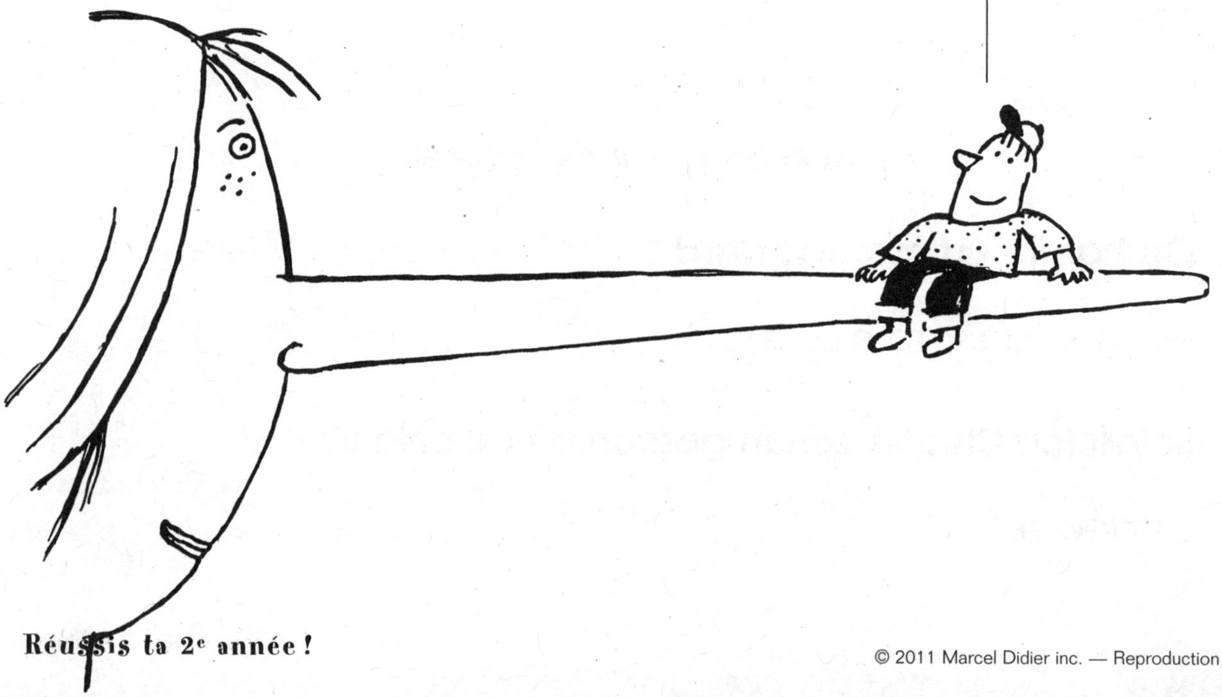

De ses ________ [7] ________ [8], elle

fait un fabuleux pied de n______ [6].

— Je ne mens ja________ [9], c'est…

c'est de l'humour. Voilà !

Raymond Plante, *Le long nez de Marilou Polaire*, la courte échelle, 1998.

[7] 2 (écrire en lettres)

[8] main
mains

[9] -mai
-mais

Entraîne-toi à bien écrire.

p

P

As-tu bien compris le texte ?

1. Trouve dans le texte un mot de la même famille que mentir.

____

2. Quelle grimace Zaza fait-elle de ses deux mains ?

Zaza fait un fabuleux ____________________.

LE PRINCE AMOUREUX

Complète le texte. Choisis dans la marge, au numéro correspondant, les lettres ou le mot qui conviennent.

La ______________ [1] lune régnait dans le ciel,

et sa lumi___re [2] donnait à l'air une douceur

l___gère [3]. ______________ [4], brusquement, il

la vit, de______________ [5] lui, la prince______e [6]

de son c______________ [7] ! Il tendit les mains,

mais celles-ci ne touchèrent que le vide.

Alors ses or______________s [8] bourdonnèrent,

sa tête tourna, son coeur battit la chamade,

1 plaine
pleine

2 -è
-e

3 -e
-é

4 alors
Alors

5 -van
-vant

6 -s
-ss

7 -oeur
-eur

8 -eille
-eil

et il poussa un l__________ **9** gémissement.

Les yeux brillants, il revint dans le grand vestibule, tâtonnant et trébuchant comme un aveugle. Des murmures parcoururent les __________ **10**.

Illustré par Tomie de Paola, adapté par Bernadette Delarge, *Le Prince des Dolomites*, Fides, Jean-Pierre Delarge, 1981.

9 -on
-ong

10 invité
invités

Entraîne-toi à bien écrire.

u __________ U __________

v __________ V __________

As-tu bien compris le texte ?

1. Qu'est-ce qui régnait dans le ciel ?

La __________ régnait dans le ciel.

2. Où revint le prince après avoir poussé un long gémissement ?

Il revint dans le grand __________.

Le chien Tom

Complète le texte. Choisis dans la marge, au numéro correspondant, les lettres, le mot ou le signe de ponctuation qui conviennent.

Sylvain va voir Tom, le chien du v_____sin [1].

«Bonjour, Monsieur. Puis-je _____mener [2] Tom faire un tour ?»

Tom jappe et saute de j_____ [3].

«Tu l'entends ? dit le voisin. _____ [4] crois qu'il est d'accord☐ [5] »

Sylvain _____mène [2] Tom dans un parc. Il ramasse un b___ton [6] et le lance le plus loin possible.

«Va chercher le b___ton [6] !» crie Sylvain.

Tom court, plonge dans un bui_____on [7] et…

1 -oua
-oi

2 en-
em-

3 -oie
-oi

4 je
Je

5 ☐. ☐,

6 -a
-â

7 -ss
-s

revient avec une ______________ [8]
______________ chaussure dans la gueule.

«Tom ! Retourne chercher le b___ton [6] !» s'impatiente Sylvain.

Cette fois Tom ne se trompe pas. Il ______________ [9] le bâton à Sylvain.

[8] vieux
vieille

[9] rapporte
rapportent

Els de Groen, *Je veux un chien*, traduit par M.-E. de Grave et E. Vert, coll. «Étoile», Hurtubise HMH, 1998.

Entraîne-toi à bien écrire.

w ______________

W ______________

As-tu bien compris le texte ?

1. À qui appartient le chien Tom ?

Tom appartient au ______________.

2. Quel son font les chiens quand ils jappent ?

Ils font ______________ ! ______________ !

La langue des barbares

Ces barbares parlent vraiment très mal. Écris sous chaque dessin ce qu'ils devraient dire.

Mathématique

Nombres

L'ordre des nombres

1 Trouve le nom des élèves de ma classe !

a ______________ est le plus turbulent de la classe. Son numéro est situé entre 39 et 41.

b ______________ a déjà amené un hamster dans son sac d'école. Son numéro est situé avant 73 et après 71.

c ______________ est un nouveau dans la classe. Son numéro est situé entre 43 et 54.

d ______________ a du mal à voir au tableau : il lui faudrait des lunettes. Son numéro est situé entre 23 et 25.

e ______________ et ______________ sont les deux inséparables de la classe. Leurs numéros sont immédiatement avant et après 98.

f ______________ et ______________ se disputent tout le temps pendant la récréation. Leurs numéros sont entre 78 et 81.

g ______________ pleure souvent. Son numéro est entre 55 et 60.

h ______________ lève toujours la main pour répondre. Son numéro est immédiatement avant 70.

i ______________ est le meilleur en éducation physique. Son numéro est immédiatement après 89.

j ______________ est le chouchou du professeur. Son numéro est entre 29 et 34.

k ______________ est la meilleure en math. Son numéro est entre 9 et 17.

l ______________ est le meilleur en français. Son numéro est immédiatement avant 90.

2 Écris les nombres qui sont situés **entre** ceux qui figurent ci-dessous.

9		11	63		65	89		91	70		72
199		201	310		312	539		541	698		700

3 Écris les nombres qui sont situés immédiatement **avant** et **après** ceux que tu lis ci-dessous.

	24			60			79	
	550			120			199	

4 Écris les deux nombres qui sont situés immédiatement **avant** et **après** ceux que tu lis ci-dessous.

		23		
		400		

5 Écris les deux nombres qui sont situés **entre** ceux qui figurent ci-dessous.

17			20	33			36
183			186	298			301

6 Écris les nombres qui manquent.

125		127				131		133	

Les signes

< (plus petit que)   = (égal)   > (plus grand que)

1 Compare la grosseur des vautours et écris dans les cases le signe **<** (plus petit que), **=** (égal) ou **>** (plus grand que).

a  ☐ 

b  ☐ 

c  ☐ 

2 Écris dans les cases le signe **<** ou **>**.

24 ☐ 21   86 ☐ 76   98 ☐ 89   44 ☐ 46

24 ☐ 42   78 ☐ 87   64 ☐ 46   34 ☐ 37

250 ☐ 240 ☐ 230   565 ☐ 555 ☐ 545

389 ☐ 379 ☐ 369   350 ☐ 360 ☐ 370

399 ☐ 400 ☐ 401   998 ☐ 999 ☐ 1000

3 Écris dans les cases les nombres qui conviennent.

9 < ☐ < 11	26 < ☐ < 28	39 < ☐ < 41
50 > ☐ > 48	31 > ☐ > 29	70 > ☐ > 68
7 > ☐ > 5	9 > ☐ > 7	22 > ☐ > 20
53 > ☐ > 51	90 > ☐ > 88	35 > ☐ > 33
129 < ☐ < 131	509 < ☐ < 511	699 < ☐ < 701
300 > ☐ > 298	411 > ☐ > 409	130 > ☐ > 128

4 Entoure les trois nombres qui sont plus grands que 51 et plus petits que 64.

51 **64** **69** **33** **53**

44 **59** **98** **12** **67**

20 **18** **60** **31** **30**

5 Entoure les quatre erreurs et corrige-les.

10 > 8	9 < 12	15 = quinze	39 > 29	29 < 39
73 > 63	43 < 34	59 > 60	75 < 85	35 > 26
36 < vingt-six	68 < 86	dix-huit > 17	55 > 49	98 < 99
62 < 72	86 > 76	97 > 79	91 = quatre-vingt-un	

______________________ ______________________

______________________ ______________________

Les nombres pairs et impairs

1 Regarde bien le dessin.
Huit enfants suivent
le joueur de flûte.

a Colorie en rouge le drapeau des enfants qui portent un nombre pair.

b Colorie en bleu le drapeau des enfants qui portent un nombre impair.

2 Entoure en rouge les nombres pairs. Entoure en bleu les nombres impairs.

192 871 718 802 120 345

324 543 796 239 347

Les dizaines

1 **a** Encercle la quantité de cubes qui représente chaque nombre.

b Combien y a-t-il de dizaines dans 45 ? ____

c Combien y a-t-il d'unités dans 45 ? ____

d Combien y a-t-il de dizaines dans 36 ? ____

e Combien y a-t-il d'unités dans 36 ? ____

f Combien y a-t-il de dizaines dans 54 ? ____

g Combien y a-t-il d'unités dans 54 ? ____

2 Complète les équations suivantes.

15 = ____ dizaine + ____ unités = ____ + 5

45 = ____ dizaines + ____ unités = ____ + 5

54 = ____ dizaines + ____ unités = ____ + 4

3 Écris dans les cases la valeur de chaque chiffre.

17	27	19	30
☐ ☐	☐ ☐	☐ ☐	☐ ☐
33	**40**	**10**	**11**
☐ ☐	☐ ☐	☐ ☐	☐ ☐
51	**64**	**74**	**88**
☐ ☐	☐ ☐	☐ ☐	☐ ☐

4 Écris pour chaque nombre le chiffre qui est à la position des dizaines (**d**) et le chiffre qui est à la position des unités (**u**).

	d	u
dix-sept		
quinze		
cinq		
quatre-vingt-dix-huit		
quarante-quatre		
cinquante-six		
quatre-vingt-neuf		

	d	u
soixante		
soixante-treize		
quatre-vingts		
soixante et onze		
vingt et un		
onze		
soixante-dix		

5 Entoure en bleu le chiffre à la position des dizaines et en vert le chiffre à la position des unités des nombres suivants.

25　42　60　87　73　51　12　39　52　20

7　50　32　5　99　22　77　14　27　78

Les centaines

1 **a** Entoure les voitures par groupes de dix.

b Combien y a-t-il de groupements de dix ? ☐

c Entoure les voitures par groupes de cent.

d Combien y a-t-il de groupements de cent ? ☐

e Combien y a-t-il de voitures en tout ? ☐

2 Complète les cases vides en sachant que :

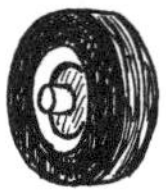 = 100
= 10 dizaines

 = 10
= 1 dizaine

 = 1
= 1 unité

= ____ centaines ____ dizaines ____ unité

= ____ + 30 + ____

= 231

= ____ dizaines ____ unité

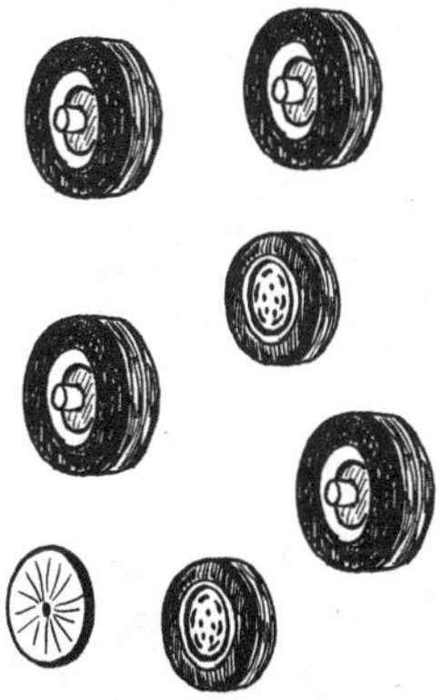

= ____ centaines ____ dizaines ____ unité

= 400 + ____ + ____

= ____

= ____ dizaines ____ unité

= ____ centaines ____ dizaines ____ unités

= ____ + ____ + ____

= ____

= ____ dizaines ____ unités

L'ordre croissant et l'ordre décroissant

1 Pour arriver à l'oasis sans se perdre, ce voyageur du désert doit aller d'une dune à l'autre en suivant les nombres dans l'ordre croissant. Trace le chemin qu'il doit prendre.

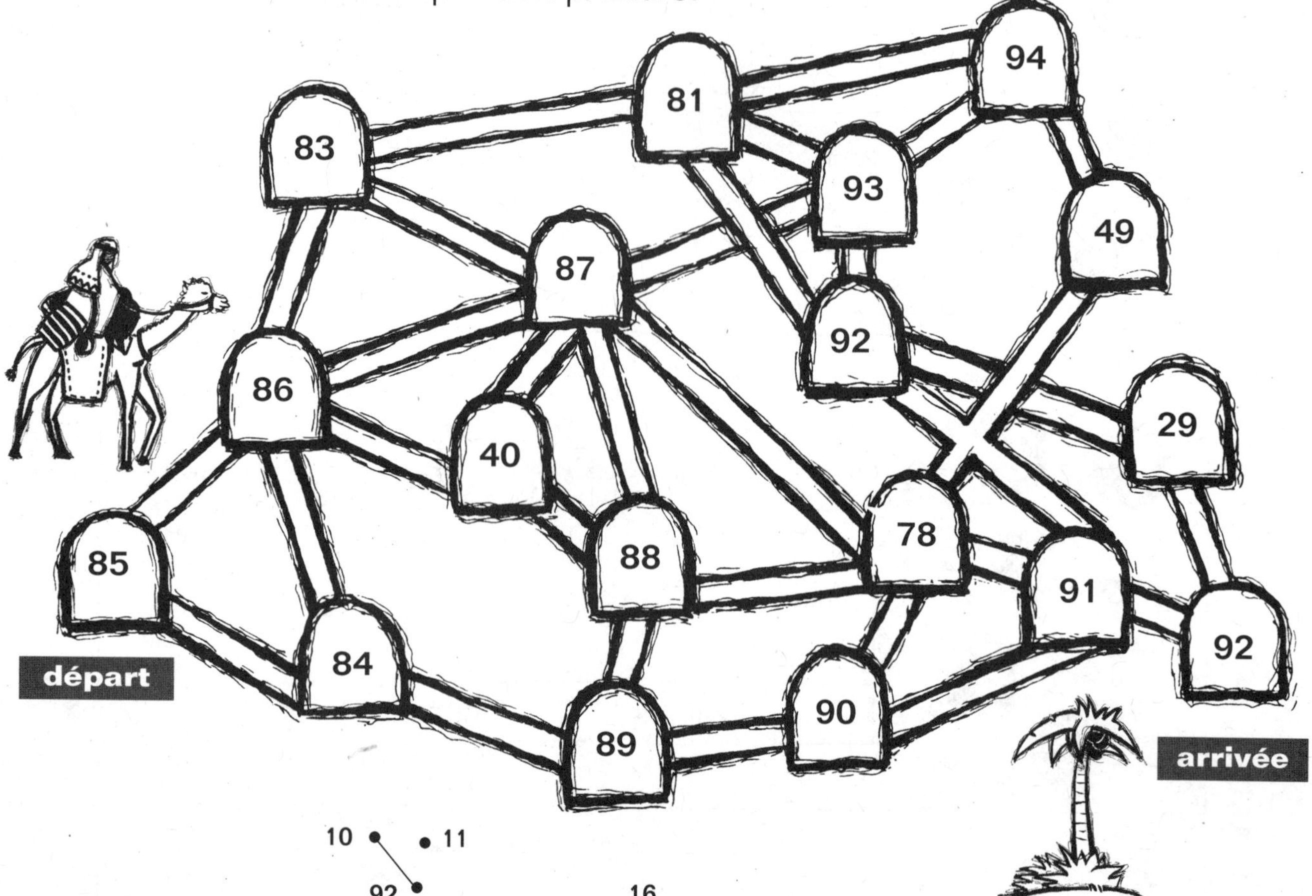

2 Pour savoir quel animal menace le voyageur, relie les points par ordre croissant.

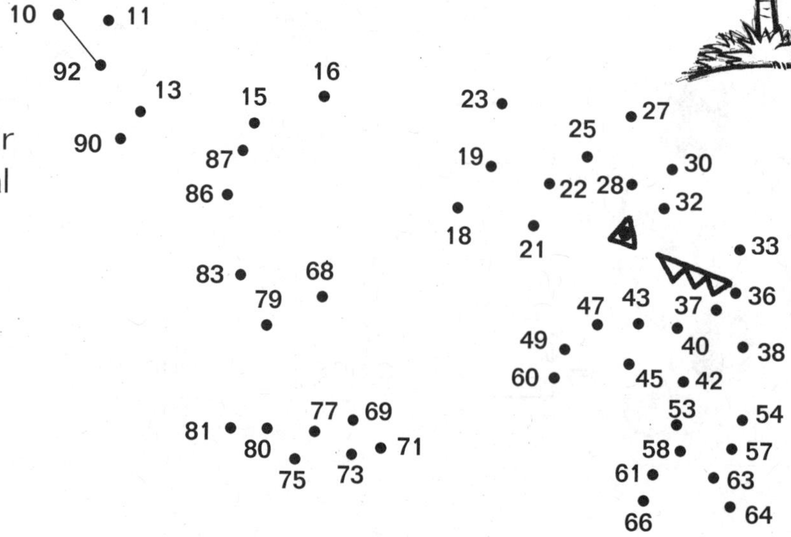

3 Complète le dessin en reliant les points par ordre décroissant.

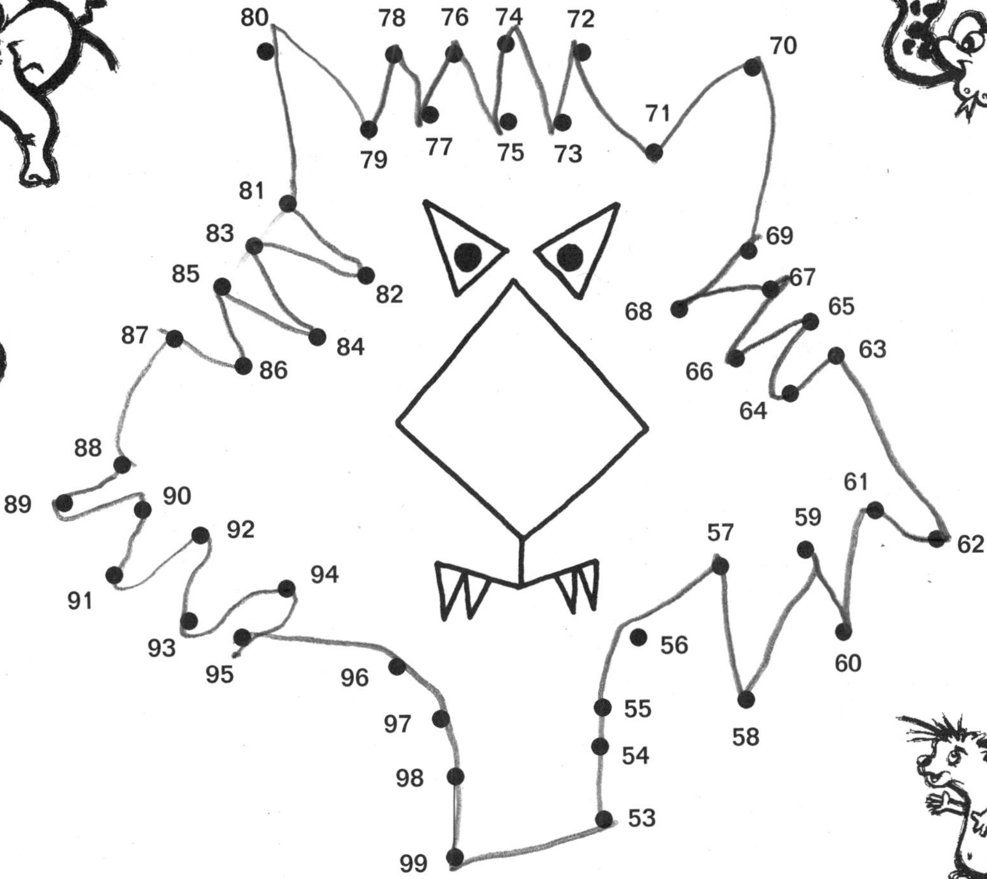

4 Trouve le nom du pire ennemi de l'animal que tu viens de découvrir ! Place les nombres ci-dessous dans l'ordre décroissant, puis aligne les lettres correspondantes.

633	369	514	454	895	759	959	950
é	c	p	i	r	c	p	o

				-				

L'addition

1 Complète les additions suivantes.

$2 + 5 = \square$ | $4 + 5 = \square$ | $6 + 5 = \square$

$7 + 5 = \square$ | $1 + 6 = \square$ | $3 + 6 = \square$

$3 + 8 = \square$ | $4 + 8 = \square$ | $9 + 3 = \square$

$1 + 1 + 6 = \square$ | $3 + 2 + 4 = \square$ | $3 + 2 + 7 = \square$

2 Colorie de la même couleur les additions qui ont la même valeur.

6 + 3	**7 + 2**	**2 + 3 + 2**	**4 + 2 + 3**
5 + 2	**4 + 3**	**3 + 3 + 3**	**4 + 2 + 1**
4 + 4	**3 + 5**	**2 + 3 + 3**	**2 + 2 + 4**

3 Complète les équations suivantes.

$6 + \square = 11$ | $7 + \square = 12$

$2 + 3 + \square = 11$ | $3 + \square + 6 = 12$

$5 + 2 + \square = 14$ | $6 + 3 + 2 = \square$

$2 + \square + 5 = 12$ | $4 + \square + 6 = 14$

4 Pour ouvrir la porte de la caverne, Ali Baba doit prononcer une formule magique. Sers-toi du code pour la découvrir. La somme de chaque opération équivaut à une lettre.

Exemple : 3 + 3 + 3 = 9 = a

a	e	i	o	u	m	r	s	t	v
9	10	11	12	13	14	15	16	17	18

3+5+8	2+4+4	4+3+9	2+4+3	5+3+6	5+3+2		
____	´____	____	____	____	____		
____	____	____	____	____	____		

4+3+5	3+7+3	6+5+7	4+5+6	6+4	7+4+6	2+8+2	4+5+2
____	____	____	____	____ –	____	____	____
____	____	____	____	____	____	____	____ !

5 Colorie de la même couleur les additions et leur résultat.

10 + 6	20 + 5	30 + 3	40 + 3	50 + 8	60 + 4
25	16	58	64	33	43

6 Résous l'équation en t'aidant du modèle.

$$\begin{array}{r} 14 \\ +\ 13 \\ \hline \end{array} \quad \begin{array}{c} = \\ = \end{array} \quad \begin{array}{r} 10 + 4 \\ +\ 10 + 3 \\ \hline 20 + 7 \end{array} = 27$$

$$\begin{array}{r} 22 \\ +\ 33 \\ \hline \end{array} \quad \begin{array}{c} = \\ = \end{array} \quad \begin{array}{r} \square + \square \\ +\ \square + \square \\ \hline \square + \square \end{array} = \square$$

7 Trouve le terme manquant.

$$\begin{array}{r} 65 \\ +\ \square \\ \hline 87 \end{array} \qquad \begin{array}{r} 43 \\ +\ \square \\ \hline 79 \end{array} \qquad \begin{array}{r} \square \\ +\ 36 \\ \hline 68 \end{array} \qquad \begin{array}{r} \square \\ +\ 24 \\ \hline 77 \end{array}$$

$$\begin{array}{r} 243 \\ +\ \square \\ \hline 476 \end{array} \qquad \begin{array}{r} 352 \\ +\ \square \\ \hline 657 \end{array} \qquad \begin{array}{r} \square \\ +\ 331 \\ \hline 859 \end{array} \qquad \begin{array}{r} \square \\ +\ 754 \\ \hline 954 \end{array}$$

8 La maison d'Ali Baba est celle où la somme est la plus élevée. Découvre-la ! Fais les additions et colorie la maison d'Ali Baba en bleu.

9 Colorie de la même couleur les additions et leur résultat.

120 + 6	320 + 5	230 + 3	440 + 3	500 + 80	560 + 4
325	126	580	564	233	443
100 + 26	100 + 133	100 + 225	400 + 180	150 + 414	230 + 213

10 En t'aidant de l'exemple, résous les équations.

25	=	20 + 5		① 25
+ 6	=	+ + 6	ou	+ 6
		20 + 11	= 31	31

14	=	☐ + ☐		◯ ☐
+ 16	=	+ ☐ + ☐	ou	+ ☐
		☐ + ☐	= ☐	☐

25	=	☐ + ☐		◯ ☐
+ 25	=	+ ☐ + ☐	ou	+ ☐
		☐ + ☐	= ☐	☐

37	=	☐ + ☐		◯ ☐
+ 23	=	+ ☐ + ☐	ou	+ ☐
		☐ + ☐	= ☐	☐

11 Des voleurs se sont cachés dans les jarres sur lesquelles les additions ont un résultat égal à 40. Fais les opérations et colorie en rouge les jarres où se trouvent les voleurs.

La soustraction

1 Complète la table de soustraction.

−	9	8	7	6	5	4	3	2
18					13			
17								
16								
15			8					
14								
13								
12								
11								
10								

2 Résous l'équation en t'aidant de l'exemple.

Exemple :

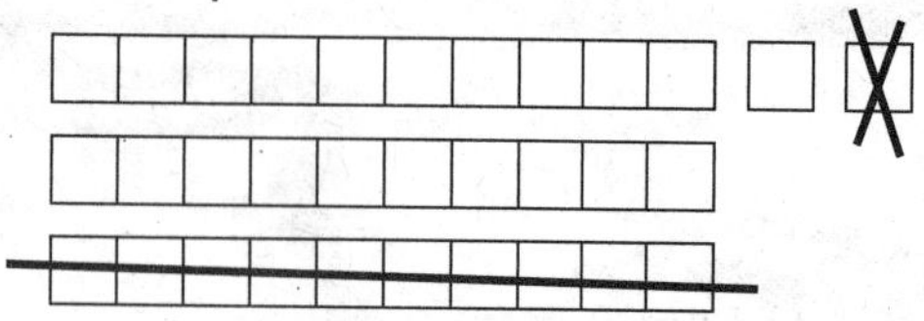

$$\begin{array}{rcl} 32 & = & 30 + 2 \\ -\ 11 & = & -\ 10 + 1 \\ \hline & & 20 + 1 = 21 \end{array}$$

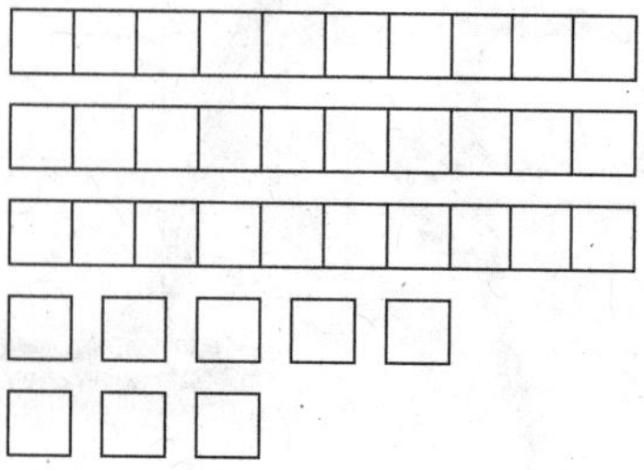

$$\begin{array}{rcl} 38 & = & \square + \square \\ -\ 25 & = & -\ \square + \square \\ \hline & & \square + \square = \square \end{array}$$

3 Gerda veut retrouver son ami Kay qui a été enlevé par la reine des neiges. Elle sera aidée par tous les personnages dont le résultat de la soustraction est compris entre 20 et 50. Colorie-les en jaune.

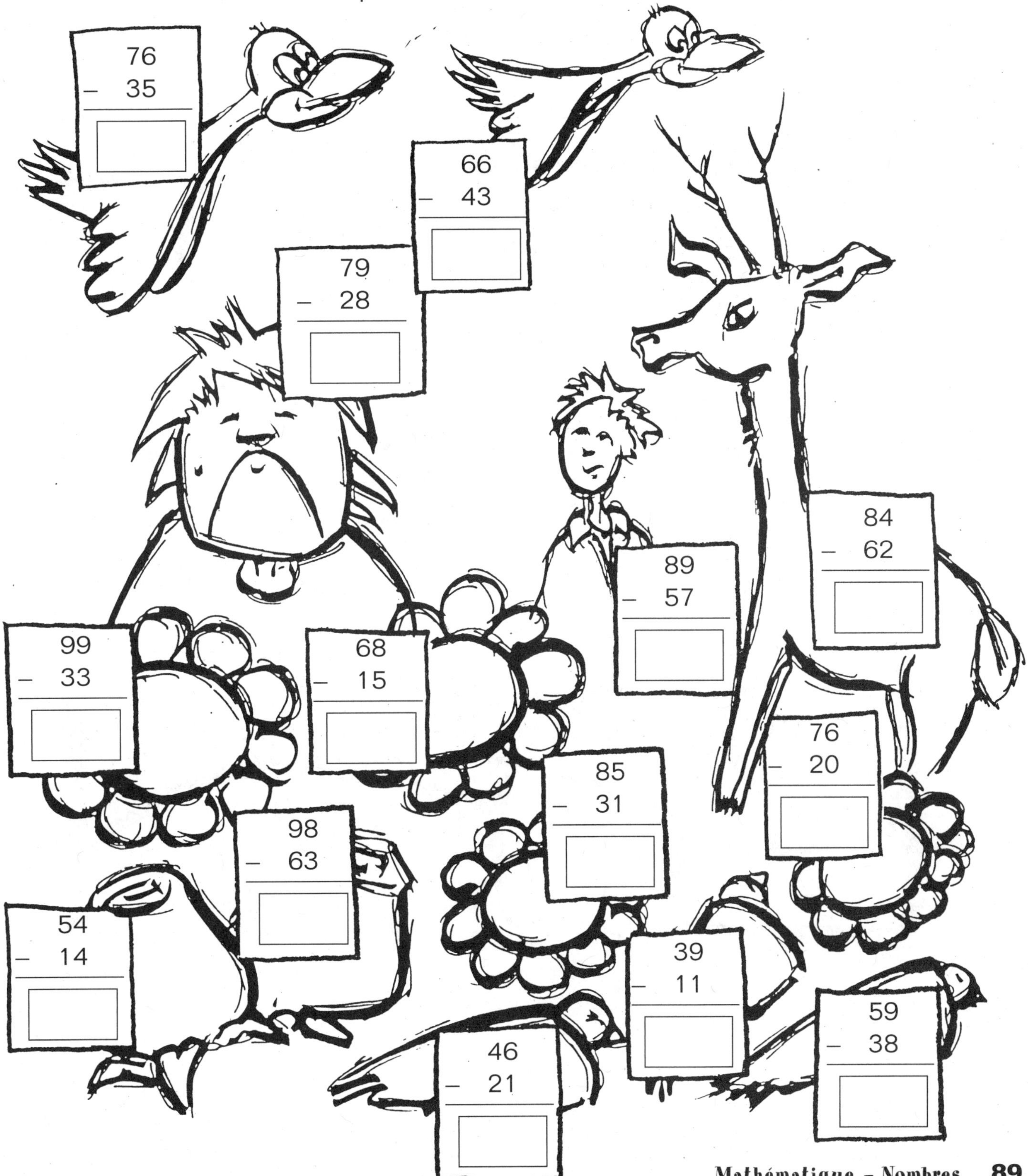

4 Colorie les cases où le résultat est égal à :

9 en blanc
8 en brun
7 en bleu clair
6 en rouge
5 en rose
4 en bleu foncé
3 en jaune

5 Trouve le terme manquant.

548	☐	479	685
− ☐	− 322	− ☐	− ☐
324	412	50	613

6 Résous les soustractions en t'aidant du modèle.

$$\begin{array}{r} 35 \\ -\ 16 \\ \hline \end{array} = \begin{array}{r} 30 + 5 \\ -\ 10 + 6 \\ \hline \end{array} = \begin{array}{r} 20 + 15 \\ -\ 10 + 6 \\ \hline 10 + 9 \end{array} = 19$$

a

60 = ☐ + ☐ = ☐ + ☐

− 26 = − ☐ + ☐ = − ☐ + ☐

☐ + ☐ = ☐

b

53 = ☐ + ☐ = ☐ + ☐

− 35 = − ☐ + ☐ = − ☐ + ☐

☐ + ☐ = ☐

c

325 = ☐ + ☐ + ☐ = ☐ + ☐ + ☐

− 143 = − ☐ + ☐ + ☐ = − ☐ + ☐ + ☐

☐ + ☐ + ☐ = ☐

d

236 = ☐ + ☐ + ☐ = ☐ + ☐ + ☐

− 43 = − ☐ + ☐ + ☐ = − ☐ + ☐ + ☐

☐ + ☐ + ☐ = ☐

Les suites

1 Vrai ou faux ?
La règle de la suite ci-dessous est – 3.

42 39 36 33 30 27 24 21 18

VRAI ❑ FAUX ❑

2 Complète les suites.

a) 99 95 91 ☐ ☐ 79 ☐ ☐ ☐ ☐

b) 10 12 11 13 12 14 13 ☐ ☐ ☐ ☐

3 Construis des suites en respectant les consignes.

a) Le premier terme de la suite est 77 ; la règle est + 2 ; la suite compte 10 termes.

____

____

b) Le premier terme de la suite est 50 ; la règle est – 3 ; la suite compte 8 termes.

____

____

c) Le dernier terme de la suite est 35 ; la règle est + 5 ; la suite compte 7 termes.

____

____

d) Le deuxième terme de la suite est 22 ; la règle est + 3 – 1 ; la suite compte 9 termes.

____

____

4 Le lutin doit sortir du labyrinthe sans rencontrer les monstres et les serpents.

a Colorie en bleu les salles où il y a un monstre (indice : + 5).

b Colorie en rouge les salles où il y a un serpent (indice : + 3).

c Quelle règle devra suivre le lutin pour sortir du labyrinthe ?

La multiplication

1 Complète le tableau. Fais les groupements demandés puis écris les équations d'addition et de multiplication correspondantes.

	Additions	**Multiplications**
Groupements par **2** 	2 + 2 + 2 = 6	3 x 2 = 6
Groupements par **2** 		
Groupements par **3** 		
Groupements par **4** 		

2 Complète les équations.

4 + 4 = ☐ 4 + 4 + 4 = ☐ 4 + 4 + 4 + 4 = ☐

2 x 4 = ☐ ☐ x 4 = 12 ☐ x 4 = 16

5 + 5 = ☐ 5 + ☐ + 5 = 15 5 + 5 + 5 + 5 = ☐

2 x ☐ = 10 3 x ☐ = 15 4 x ☐ = 20

La division

1 Avec combien de balles chaque jongleur pourra-t-il jouer ? Dessine au-dessus des jongleurs un nombre égal de balles, puis complète les équations.

a 12 ÷ 3 = ☐

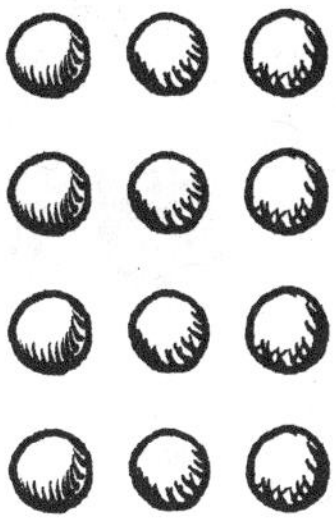

b 12 ÷ 4 = ☐

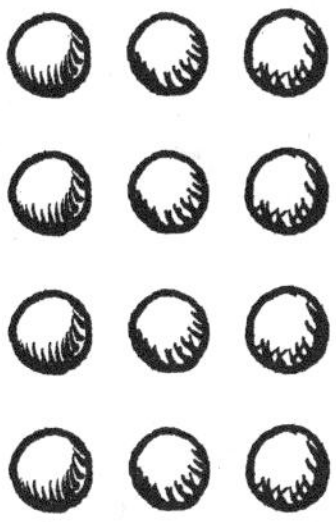

c 9 ÷ 3 = ☐

Problèmes

1 L'éléphant fête aujourd'hui ses 53 ans. Pour qu'il n'y ait pas trop de chandelles sur le gâteau, les animaux ont décidé de mettre une chandelle bleue pour chaque dizaine d'années et une jaune pour chacune des années que l'on ne peut pas grouper.

a Colorie de la bonne couleur les chandelles du gâteau.

b Combien en as-tu coloriées en bleu ? ☐

c Combien en as-tu coloriées en jaune ? ☐

2 Le lion a 42 ans de moins que l'éléphant et 6 ans de plus que le loup.

a Quel est l'âge du lion ? Écris l'équation mathématique.

☐ ______

b Quel est l'âge du loup ? Écris l'équation mathématique.

☐ ______

3 L'éléphant pourrait encore vivre 17 ans. Jusqu'à quel âge pourrait-il vivre ? Écris l'équation mathématique.

☐ ______

4 Les animaux qui assistent à la fête sont très gourmands: chacun veut 10 parts de gâteau. Combien de parts l'éléphant devra-t-il couper pour lui et ses invités ?

☐ ______

5 Après avoir marché longtemps dans la forêt, Hansel et Gretel découvrent une maison construite en bonbons.

Complète le dessin à l'aide des informations suivantes.

a Il y a 3 oiseaux de plus que de souris. 

b Il y a autant de hérissons qu'il y a d'oiseaux. 

c Il y a dans les arbres 5 pommes de moins qu'il y a de hérissons. 

6 Il y avait 35 suçons sur le toit, maintenant il n'en reste que 16. Combien Hansel et Gretel ont-ils mangé de suçons ? Écris l'équation mathématique.

7 On compte 24 réglisses. Il y a 12 réglisses noires, les autres sont rouges. Combien y a-t-il de réglisses rouges ? Écris l'équation mathématique.

8 Les oiseaux ont mangé 29 biscuits au chocolat et 32 biscuits à la vanille. Combien en ont-ils mangés en tout ? Écris l'équation mathématique.

9 Pendant 4 jours, la sorcière a donné 2 morceaux de poulet à Hansel pour le faire engraisser avant de le manger. Combien de morceaux de poulet lui a-t-elle donnés ? Écris l'équation mathématique.

10 Gretel a dû éplucher des pommes de terre pendant 4 jours. Chaque jour, la sorcière lui apportait 1 dizaine de pommes de terre de plus que le jour d'avant. Le premier jour, Gretel a épluché 20 pommes de terre. Combien de pommes de terre Gretel a-t-elle épluchées chaque jour ? Écris les équations mathématiques dans le tableau.

1er jour	2e jour

3e jour	4e jour

11 La sorcière a obligé Gretel à rassembler le bois en fagots de 10 branches. Il y a 35 branches. Combien de fagots devra-t-elle faire ? Illustre ta réponse.

12 Hansel et Gretel ont découvert le trésor de la sorcière. Il contenait 15 pièces d'or de plus que de pièces d'argent. Il y avait 40 pièces d'argent. Combien cela faisait-il de pièces en tout ? Écris les équations mathématiques.

Arrondir un nombre

À partir de 5, on arrondit à la dizaine suivante.
Exemple : 25, c'est environ 30 ; 150, c'est environ 200.

1 Entoure l'estimation qui convient.

31, c'est environ	30	40	130, c'est environ	100	200
25, c'est environ	20	30	160, c'est environ	100	200
46, c'est environ	40	50	240, c'est environ	200	300
94, c'est environ	90	100	280, c'est environ	200	300

2 Arrondis chacun des nombres suivants à la dizaine près.

21 ☐ 65 ☐ 34 ☐ 56 ☐ 18 ☐

177 ☐ 119 ☐ 133 ☐ 145 ☐ 182 ☐

3 Arrondis chacun des nombres suivants à la centaine près.

103 ☐ 105 ☐ 142 ☐ 125 ☐ 161 ☐

526 ☐ 751 ☐ 483 ☐ 834 ☐ 672 ☐

4 Écris les nombres que l'on peut arrondir à :

20 : ______________________________

60 : ______________________________

90 : ______________________________

Les fractions

1 Entoure la fraction représentée.

a

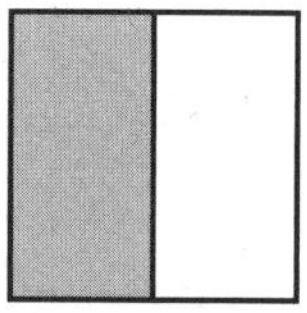

$\frac{1}{2}$ $\frac{1}{3}$ $\frac{1}{4}$

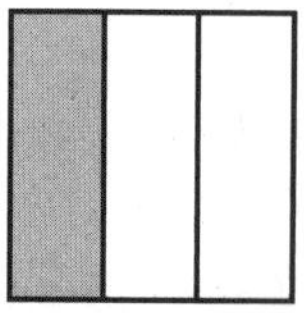

$\frac{1}{2}$ $\frac{1}{3}$ $\frac{1}{4}$

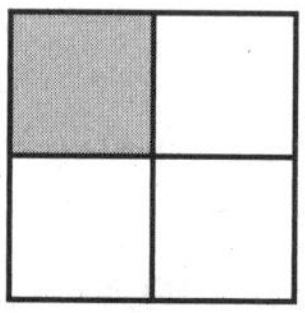

$\frac{1}{2}$ $\frac{1}{3}$ $\frac{1}{4}$

b

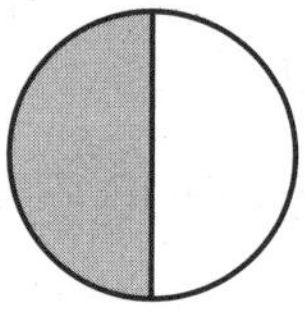

$\frac{1}{2}$ $\frac{1}{3}$ $\frac{1}{4}$

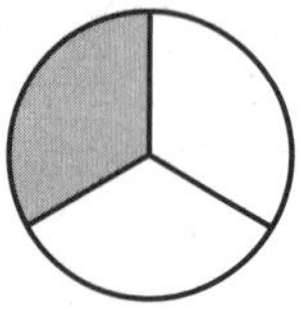

$\frac{1}{2}$ $\frac{1}{3}$ $\frac{1}{4}$

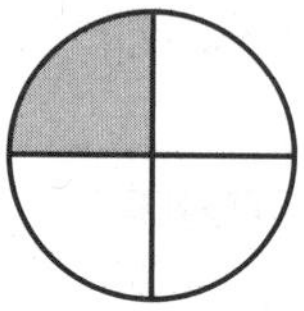

$\frac{1}{2}$ $\frac{1}{3}$ $\frac{1}{4}$

c

$\frac{1}{3}$ $\frac{1}{4}$ $\frac{3}{4}$

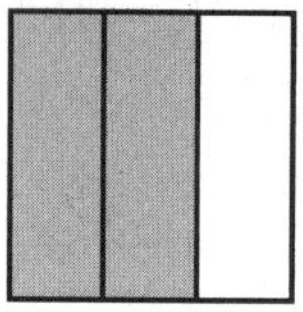

$\frac{1}{3}$ $\frac{2}{3}$ $\frac{1}{4}$

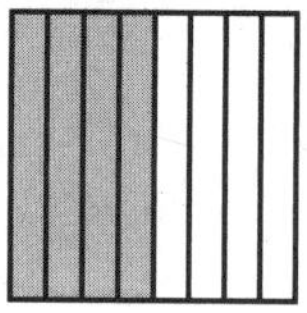

$\frac{1}{8}$ $\frac{3}{8}$ $\frac{4}{8}$

d

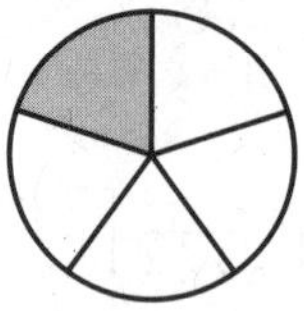

$\frac{1}{5}$ $\frac{2}{5}$ $\frac{3}{5}$

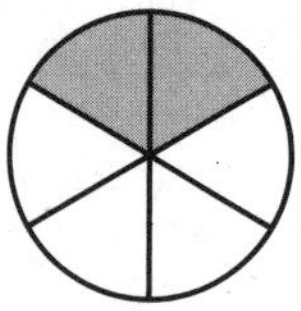

$\frac{1}{6}$ $\frac{2}{6}$ $\frac{5}{6}$

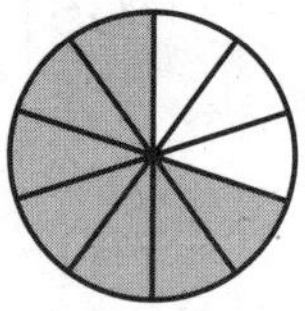

$\frac{1}{10}$ $\frac{5}{10}$ $\frac{7}{10}$

2 Colorie chaque figure pour qu'elle représente la fraction indiquée.

a

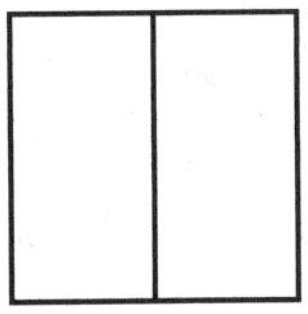

$\frac{1}{2}$

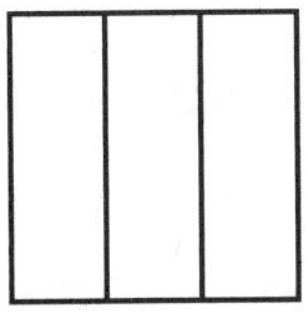

$\frac{1}{3}$

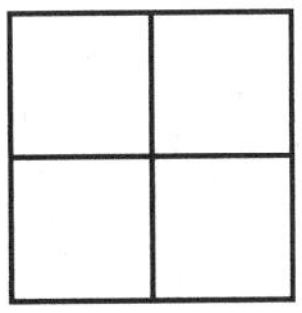

$\frac{1}{4}$

b

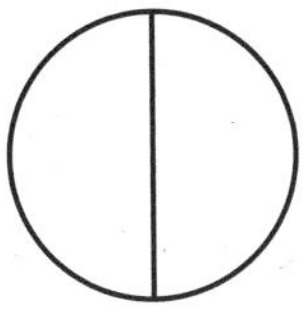

$\frac{1}{2}$

$\frac{2}{3}$

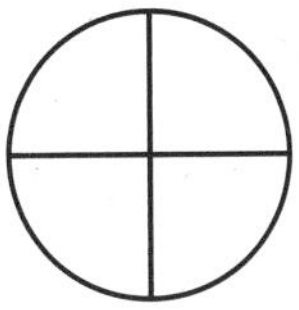

$\frac{3}{4}$

c

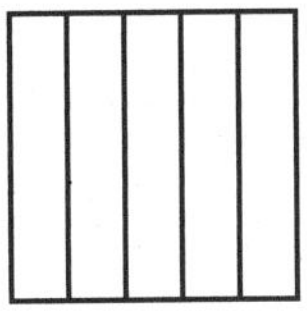

$\frac{1}{5}$

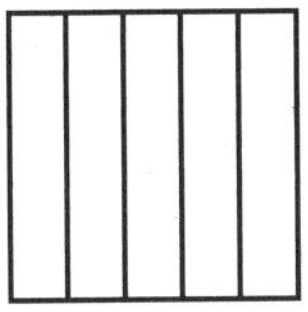

$\frac{2}{5}$

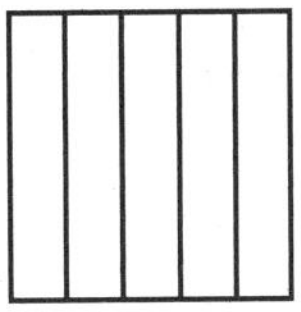

$\frac{3}{5}$

d

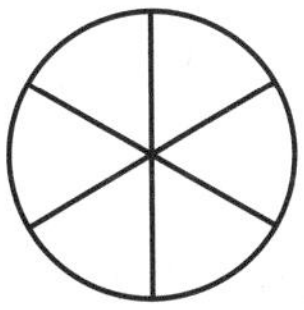

$\frac{1}{6}$

$\frac{2}{6}$

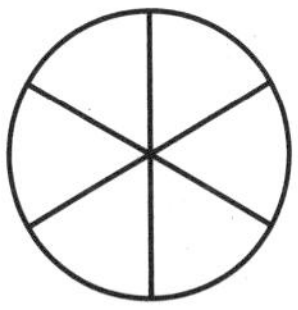

$\frac{5}{6}$

Statistique et probabilité

La statistique

Justine a télécopié à son grand-père un graphique représentant tout ce qu'elle a récolté à l'Halloween. Aide son grand-père à y voir plus clair en répondant aux questions.

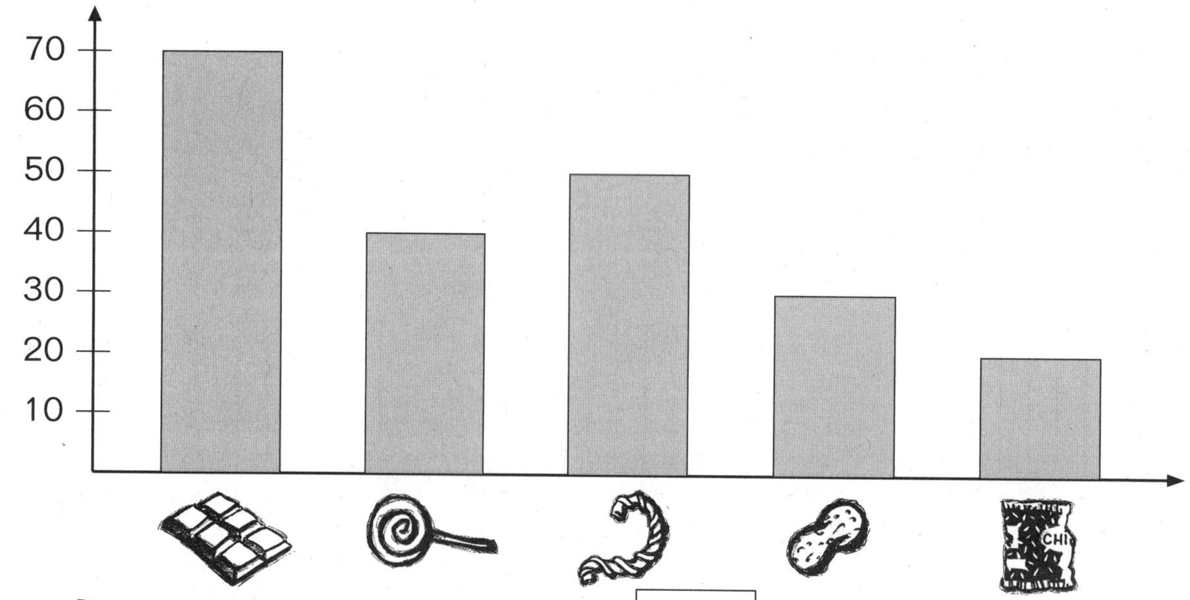

a) Combien a-t-elle d'arachides ? ☐

b) Combien a-t-elle de suçons ? ☐

c) Combien a-t-elle de réglisses ? ☐

d) Combien a-t-elle de tablettes de chocolat ? ☐

e) Combien a-t-elle de sacs de chips ? ☐

f) De quelle sorte de friandises a-t-elle le plus ? ____________________

g) De quelle sorte de friandises a-t-elle le moins ? ____________________

h) Combien a-t-elle récolté de tablettes de chocolat de plus que de réglisses ? ☐

La probabilité

1 Le menu d'un restaurant propose quatre plats principaux et trois desserts différents. Représente sur le diagramme et sur le tableau toutes les façons de combiner les plats et les desserts.

Diagramme

Médaillon de saumon •

• Tarte Tatin

Boeuf bourguignon •

• Mousse au chocolat

Tortellinis au pesto •

• Sorbet au citron

Poulet aux olives •

Tableau

	Tarte Tatin	Mousse au chocolat	Sorbet au citron
Médaillon de saumon			
Boeuf bourguignon			
Tortellinis au pesto			
Poulet aux olives			

a Combien y a-t-il de combinaisons différentes ? ☐

b Écris l'opération qui permet de calculer le nombre de combinaisons différentes : ☐

LE GRAND

Combien de faces a ce solide ?

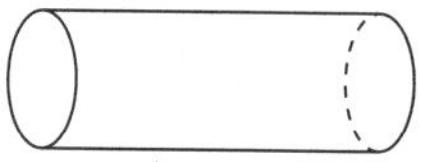

Si tu as la bonne réponse, tu avances d'une case, sinon tu recules d'une case.

4

Quel est le chiffre à la position des dizaines dans le nombre 65 ?

Si tu as la bonne réponse, tu restes là, sinon tu descends sur le dos du serpent.

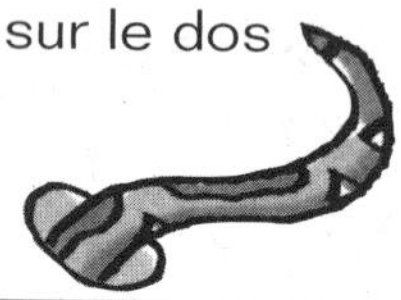

5

17 – 8 = ?

Si tu as la bonne réponse, tu restes là, sinon tu passes un tour.

12

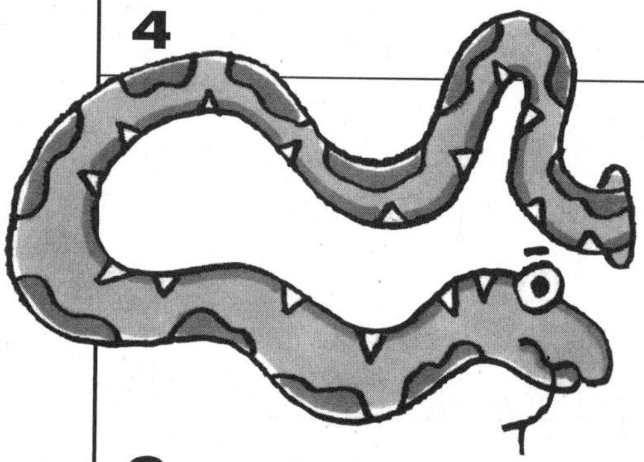

3

Quel nombre est situé entre 89 et 91 ?

Si tu as la bonne réponse, tu avances de deux cases, sinon tu recules de deux.

6

Combien y a-t-il d'unités dans une dizaine ?

Si tu as la bonne réponse, tu restes là, sinon tu reviens à la case 10.

11

9 + 7 = ?

Si tu as la bonne réponse, tu avances d'une case, sinon tu recules d'une case.

2

Que signifie le signe < ?

Si tu as la bonne réponse, tu avances de deux cases, sinon tu passes un tour.

7

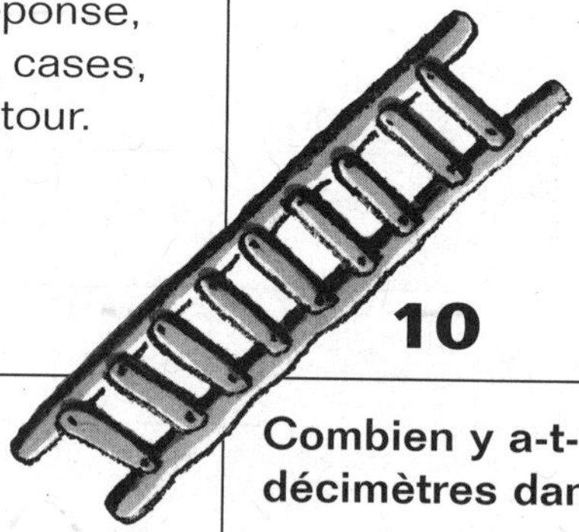

10

DÉPART

Combien de côtés a cette figure ?

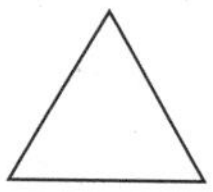

Si tu as la bonne réponse, tu avances d'une case, sinon tu restes là.

1

Que signifie le signe > ?

Si tu as la bonne réponse, tu montes l'échelle, sinon tu restes là et tu fais trois *push-ups* dans le coin.

8

Combien y a-t-il de décimètres dans 1 mètre ?

Si tu as la bonne réponse, tu avances d'une case, sinon tu restes là.

9

JEU

Nombre de joueurs : deux. Il faut un dé et des pions (pièces de monnaie, boutons de chemise, etc.). Chaque joueur, à tour de rôle, lance le dé et déplace son pion selon le chiffre correspondant. Le but du jeu consiste à se rendre à la case d'arrivée avant les autres.

Quel est le chiffre à la position des unités dans le nombre 65 ? Si tu as la bonne réponse, tu avances de deux cases, sinon tu te lèves et tu restes debout jusqu'au prochain tour. **13**	**Comment s'appelle ce solide ?** 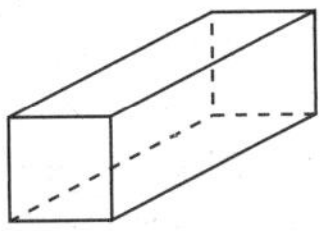 Si tu as la bonne réponse, tu rejoues, sinon tu restes là. **20**	**13 – 5 = ?** Si tu as la bonne réponse, ton adversaire applaudit, sinon tu passes un tour. **21**
Quelle est la règle de cette suite ? **5, 8, 11, 14, 17, 20, 23** Si tu as la bonne réponse, tu restes là, sinon tu reviens à la case 13. **14** 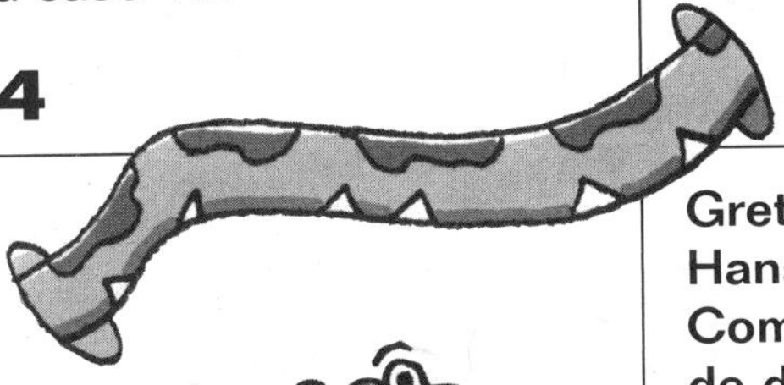	**Combien y a-t-il de dizaines dans le nombre 21 ?** Si tu as la bonne réponse, tu avances d'une case, sinon ton adversaire avance d'une case. **19**	**Quelles sommes sont égales à 67 ?** **a) 60+7 b) 50+17 c) 40+17** Si tu as la bonne réponse, tu franchis la ligne d'arrivée, sinon tu descends sur le dos du serpent. 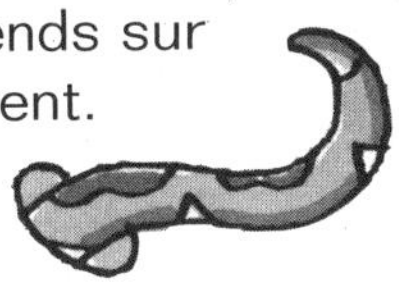 **22**
 **15**	**Gretel a 7 ans et son frère Hansel 10 ans. Combien d'années ont-ils de différence ?** Si tu as la bonne réponse, tu avances de deux cases, sinon tu restes là. **18**	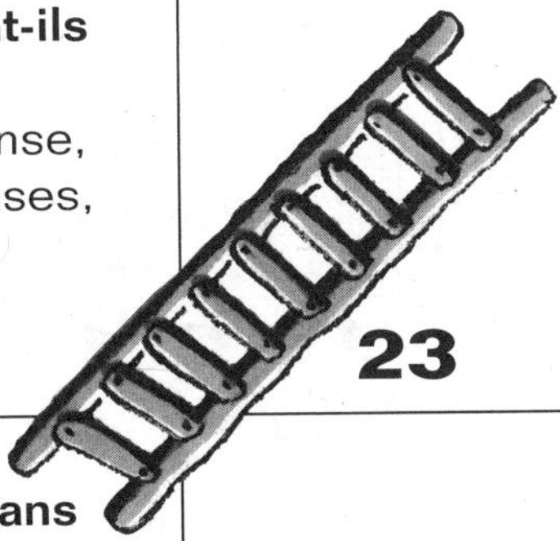 **23**
Classe en ordre décroissant les nombres 89, 98 et 76. Si tu as la bonne réponse, tu restes là, sinon tu recules d'une case. **16**	**Il y avait 40 voleurs dans une caverne; une dizaine est partie à cheval. Combien en reste-t-il ?** Si tu as la bonne réponse, tu montes l'échelle, sinon tu restes là. **17**	**ARRIVÉE** **24**

Géométrie

Les figures planes

1 Reproduis chaque figure à l'aide des points. Écris son nom à l'endroit indiqué.

a
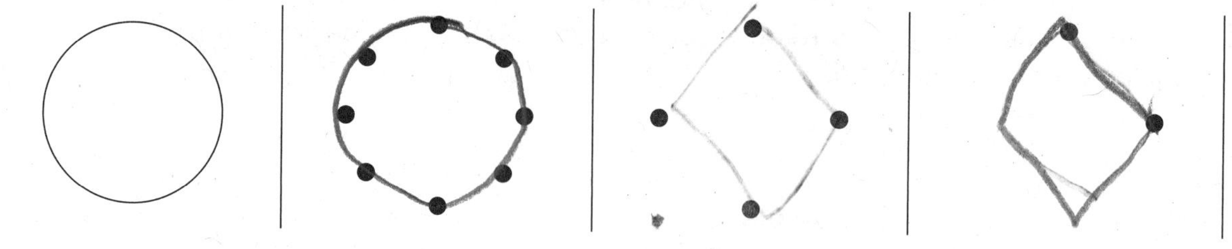

b
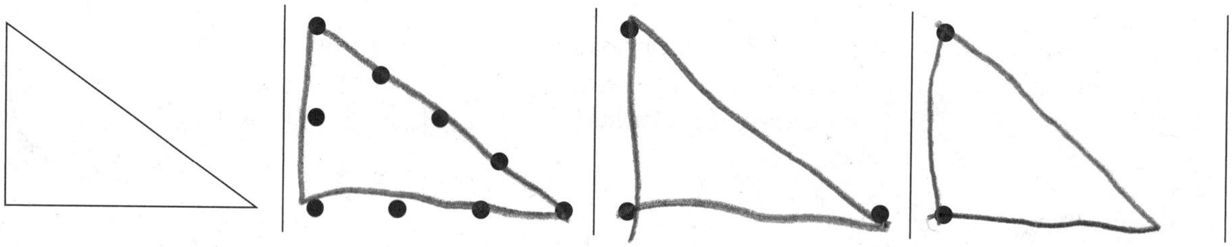

c
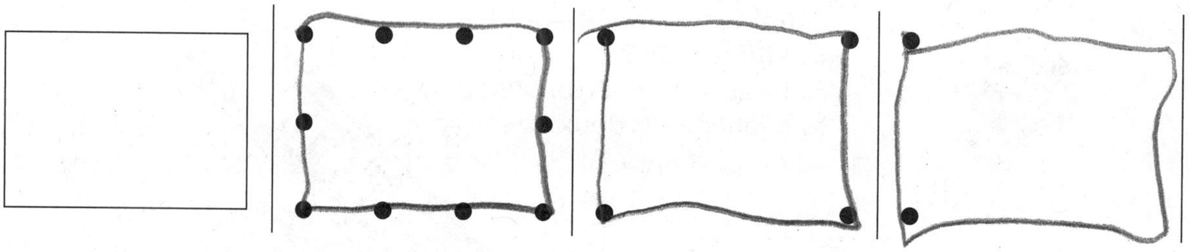

d
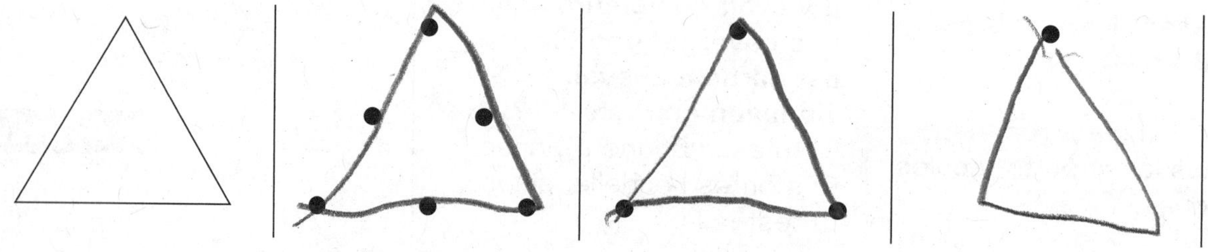

2 Colorie les triangles en vert, les rectangles en rouge et les carrés en bleu.

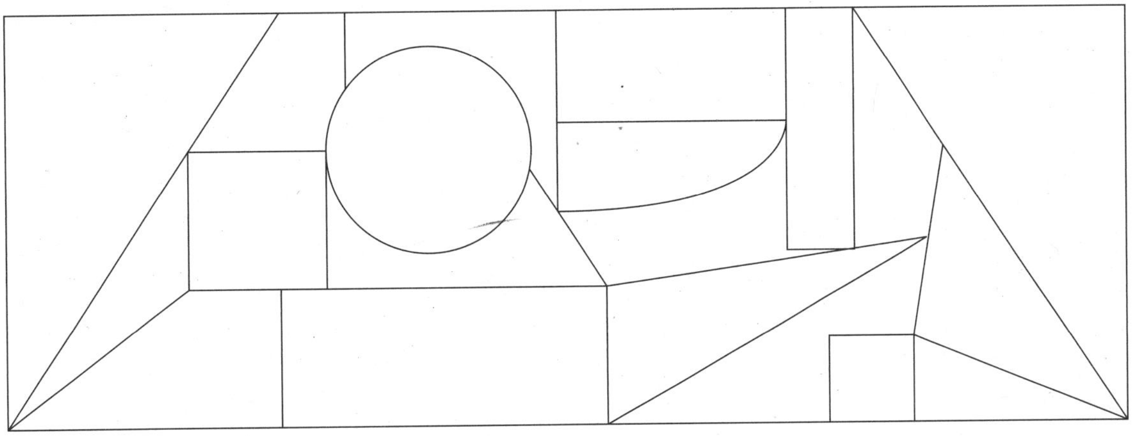

3 Indique le nombre de cercles, de rectangles, de carrés et de triangles dans le dessin ci-dessous.

cercles : ☐ triangles : ☐ carrés : ☐ rectangles : ☐

4 Complète les dessins pour en faire un carré, un rectangle ou un triangle.

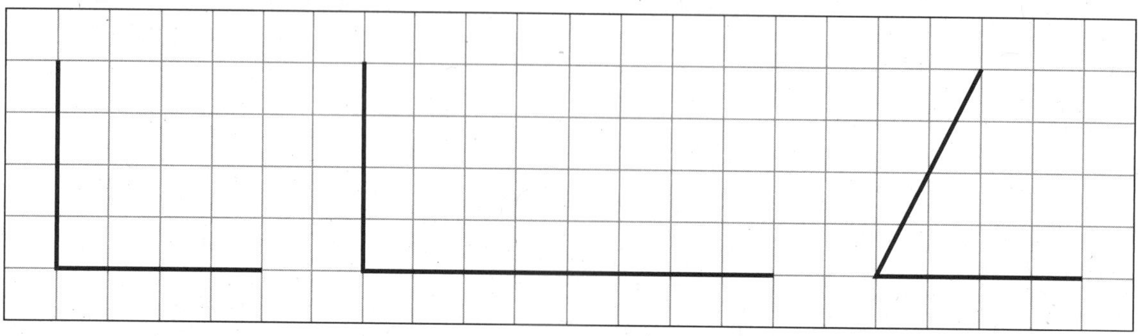

5 Écris à l'intérieur de chaque figure le nombre de côtés qu'elle possède.

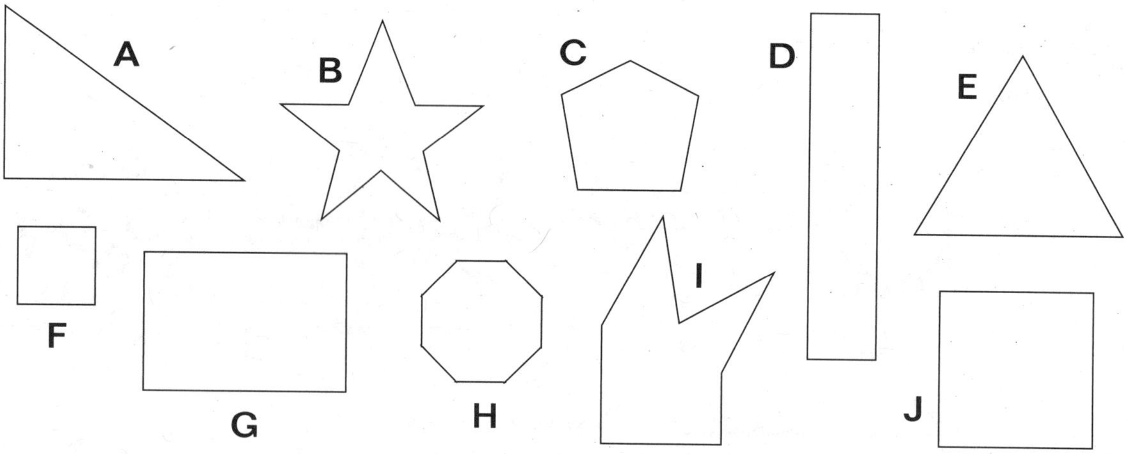

Quelles figures sont

a) des triangles ? ____________________

b) des rectangles ? ____________________

c) des carrés ? ____________________

6 Qui suis-je ?

a) J'ai toujours trois côtés. ____________________

b) J'ai toujours quatre côtés égaux. ____________________

c) J'ai quatre côtés égaux deux par deux. ____________________

Les solides

1 Relie chaque solide à son nom.

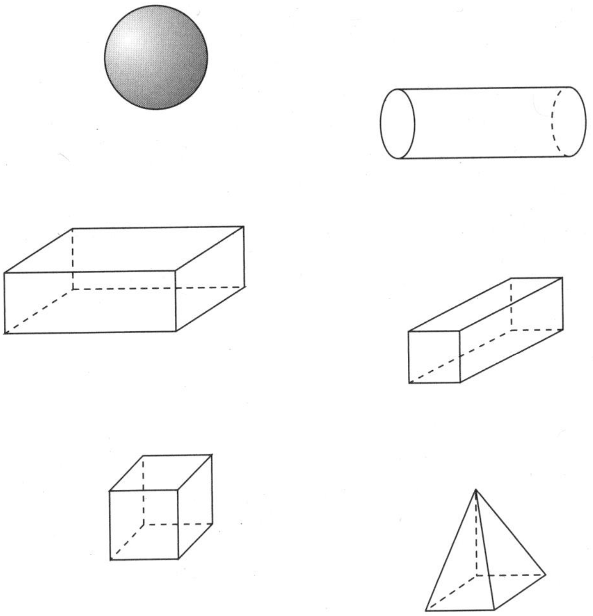

- sphère
- cylindre
- prisme à base rectangulaire
- prisme à base carrée
- cube
- pyramide à base carrée

2 Voici 5 solides :

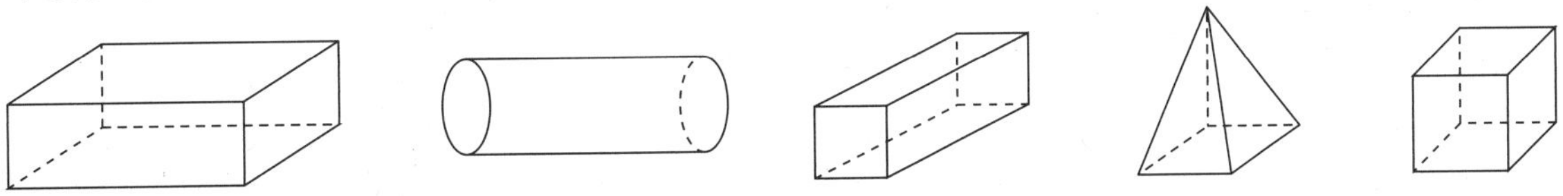

1 2 3 4 5

et voici les empreintes laissées par chacun dans de la pâte à modeler :

A B C D E

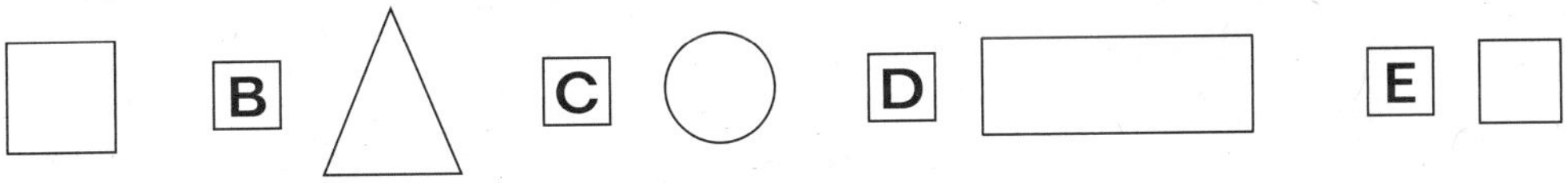

Associie chaque solide à son empreinte.

Solides	**1**	**2**	**3**	**4**	**5**
Empreintes					

3 Dessine les figures qu'il faut utiliser pour construire chaque solide.

a 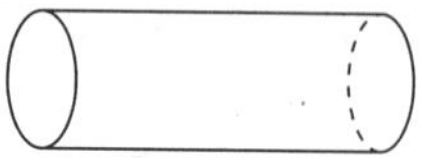

b 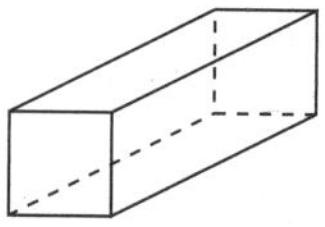

c 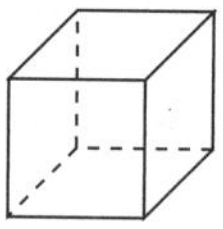

d 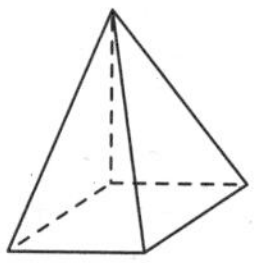

4 Écris dans le tableau le nombre de faces de chaque objet.

	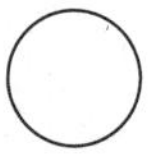		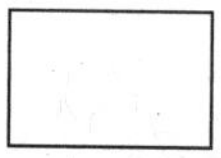	

5 Entoure l'intrus de chaque série.

a 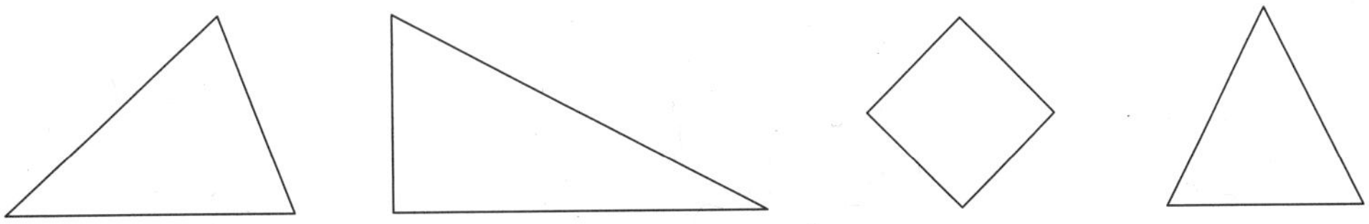

b 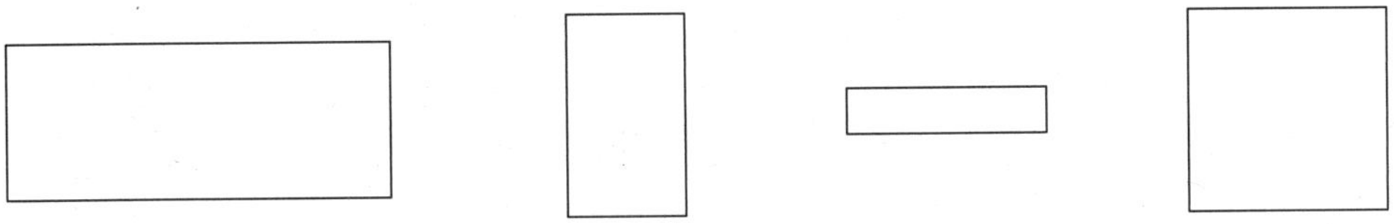

c 

d 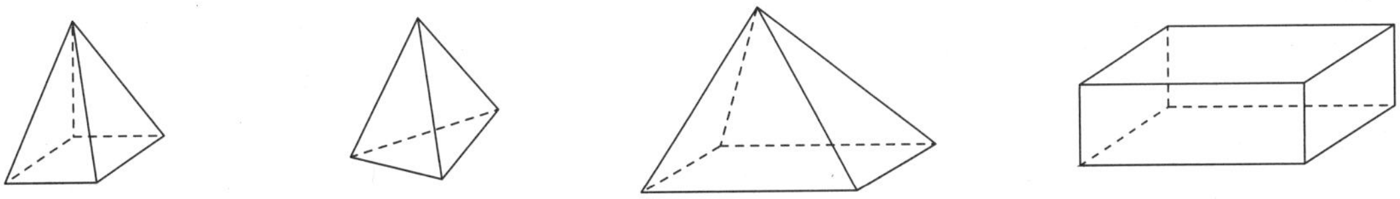

e 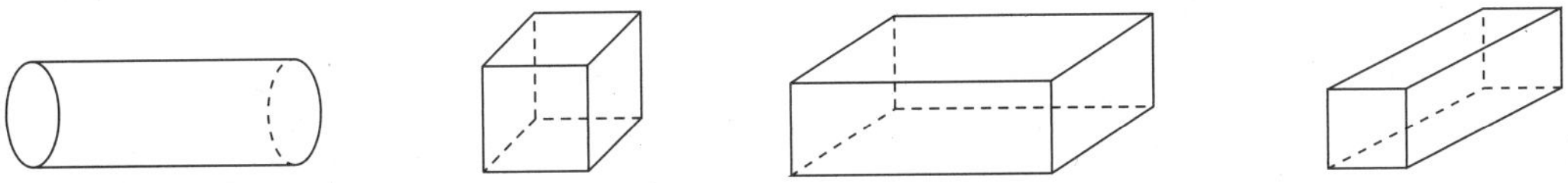

6 Entoure la sculpture construite avec les solides ci-dessous.

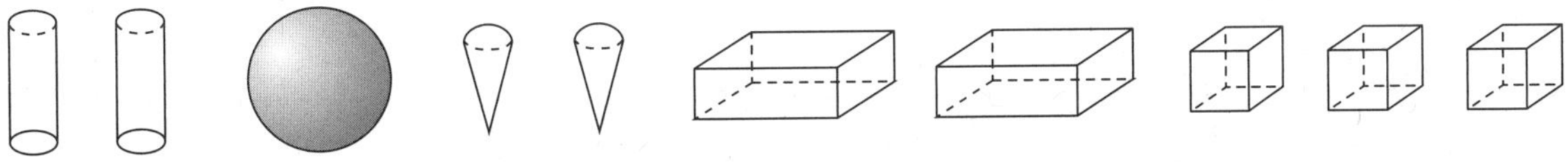

a 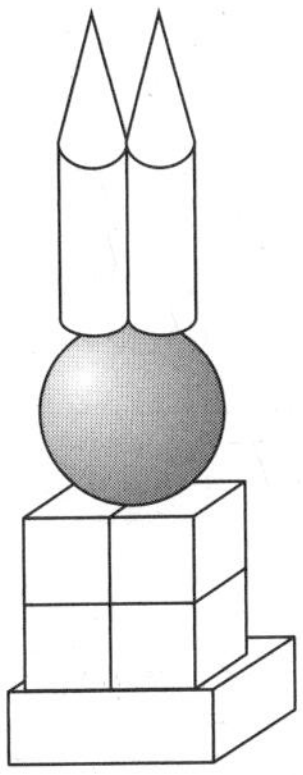

b 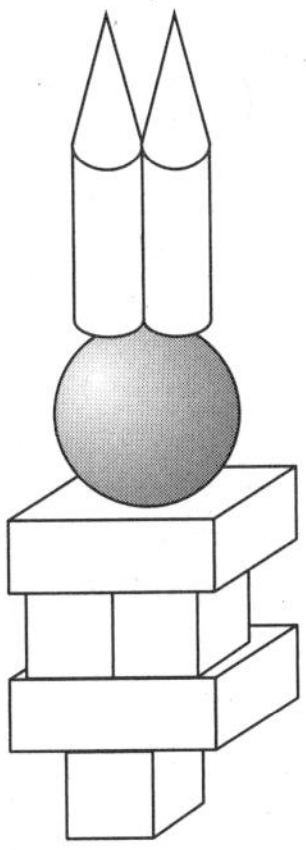

c 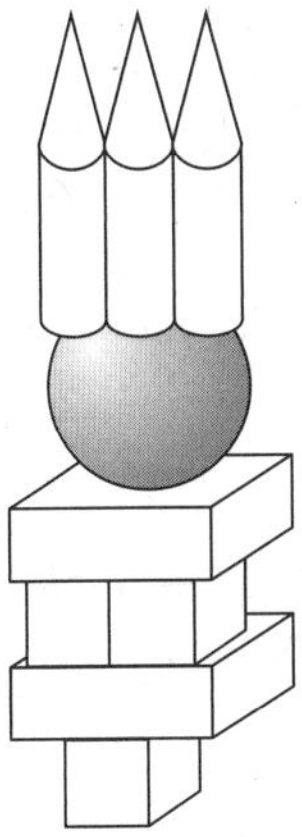

7 Écris le nom de chacune des parties des solides à l'endroit approprié.

a

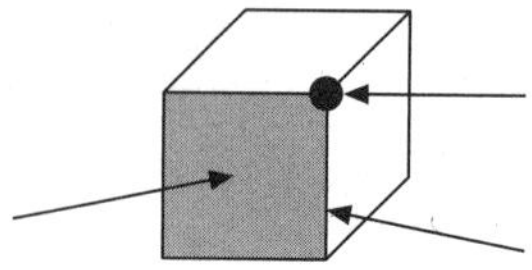

b

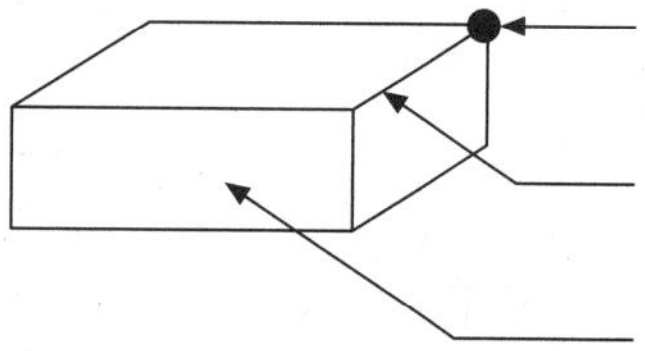

c

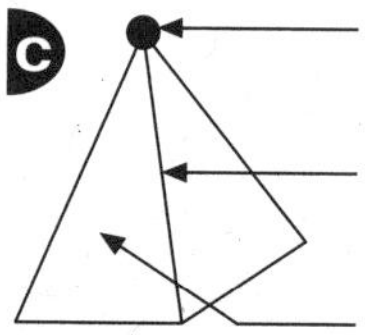

8 Écris dans le tableau le nombre de faces, d'arêtes et de sommets de chaque solide.

Solides	Faces	Arêtes	Sommets
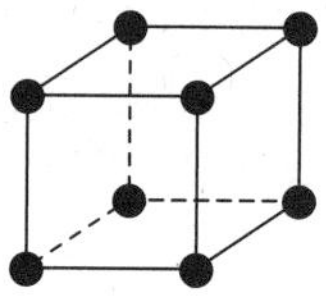			
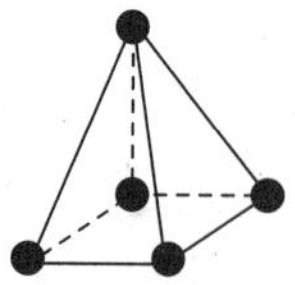			
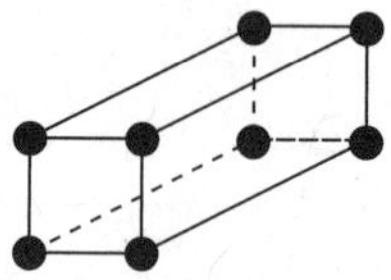			
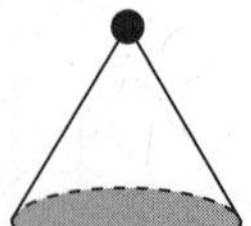			
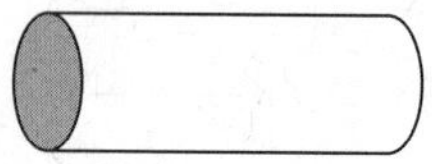			

9 Qui suis-je ?

a J'ai 5 faces, 9 arêtes et 6 sommets. ☐

b J'ai 18 arêtes, 8 faces et 12 sommets. ☐

c J'ai 5 sommets, 5 faces et 8 arêtes. ☐

d J'ai 6 faces, 8 sommets et 12 arêtes. ☐

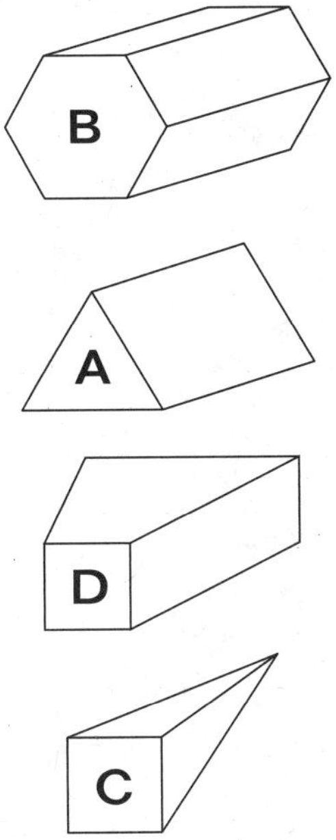

10 Relie chaque solide à son développement.

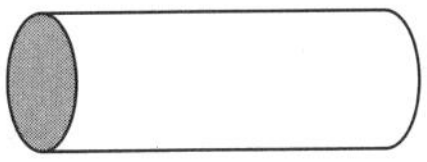
1

A
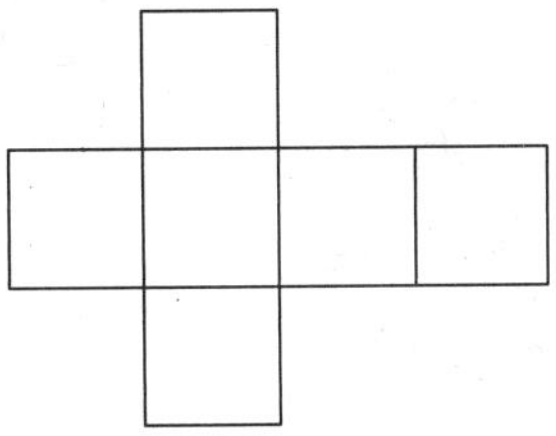

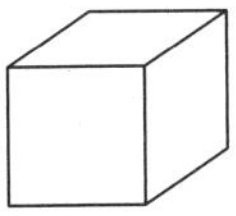
2

B
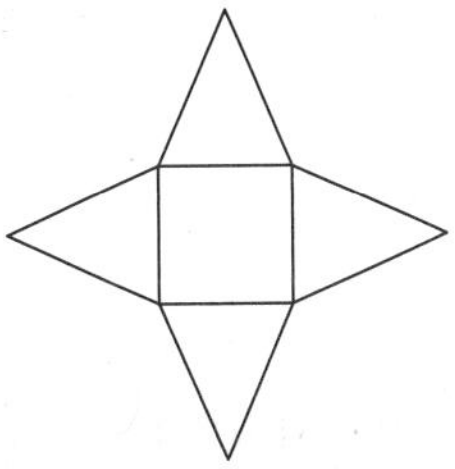

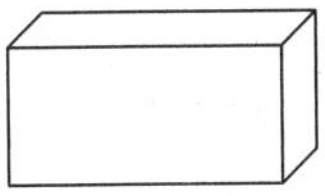
3

C
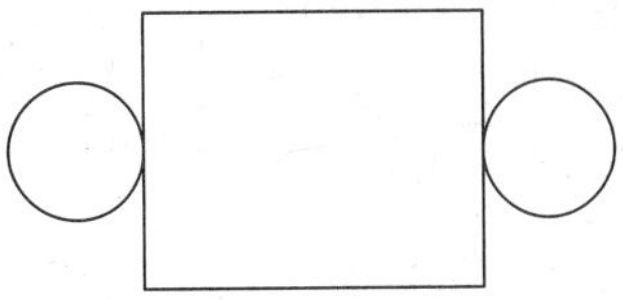

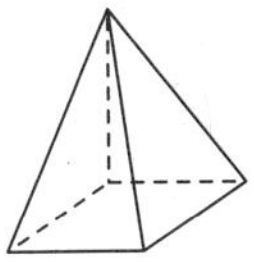
4

D
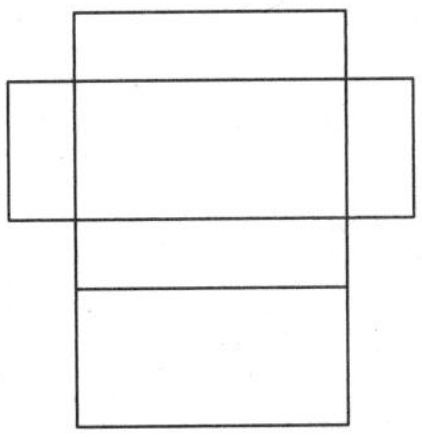

11 Entoure dans l’illustration les sept objets décrits ci-dessous.

a Il a 2 faces planes et une face courbe.

b Il a 6 faces identiques, 8 sommets et 12 arêtes.

c Son développement est le suivant : 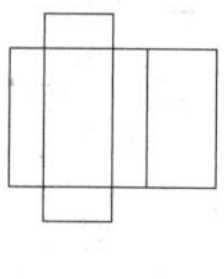

d Il a une arête et un sommet.

e Il est en forme de cercle.

f Il a 8 côtés.

g Il a 5 côtés.

Les régions et les frontières

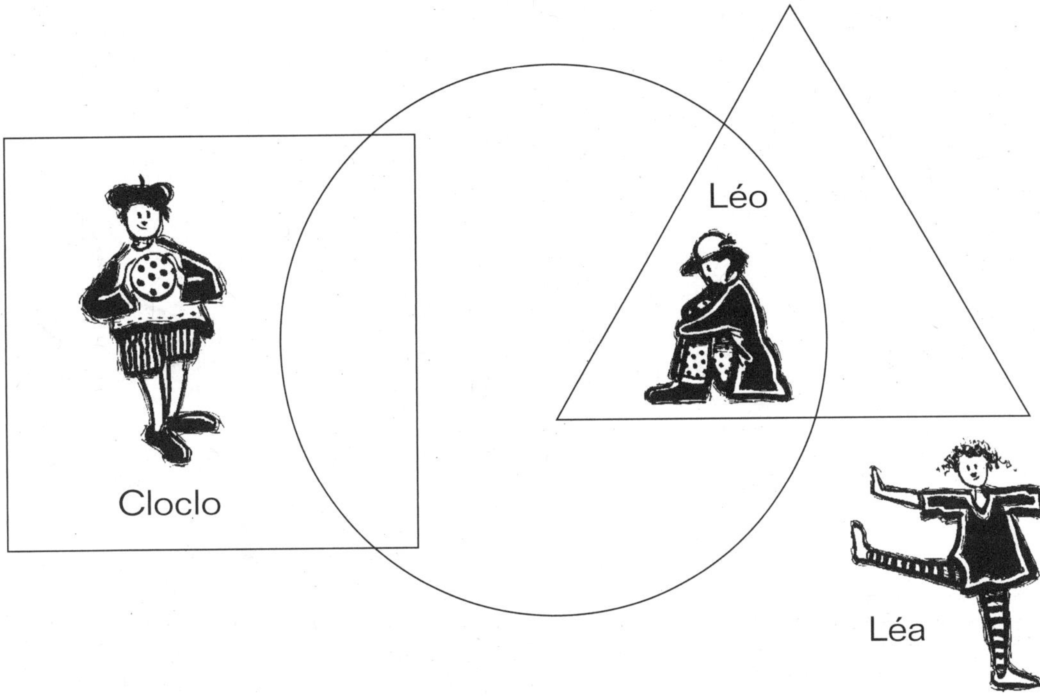

1 Vrai ou faux ?

	VRAI	FAUX
a Cloclo est à l'intérieur du cercle et du carré.	❑	❑
b Léo est à l'intérieur du triangle et à l'extérieur du carré.	❑	❑
c Léa est à l'extérieur du cercle et du carré.	❑	❑
d Cloclo est à l'extérieur du cercle et à l'intérieur du carré.	❑	❑

2 Dessine :

a un soleil à l'extérieur du triangle et à l'intérieur du cercle.

b un champignon à l'intérieur du cercle et du carré.

c une fleur à l'intérieur du triangle et à l'extérieur du cercle.

d un pommier à l'extérieur du carré, du cercle et du triangle.

3 Colorie en bleu la région formée par le carré et en rouge celle formée par le rectangle.

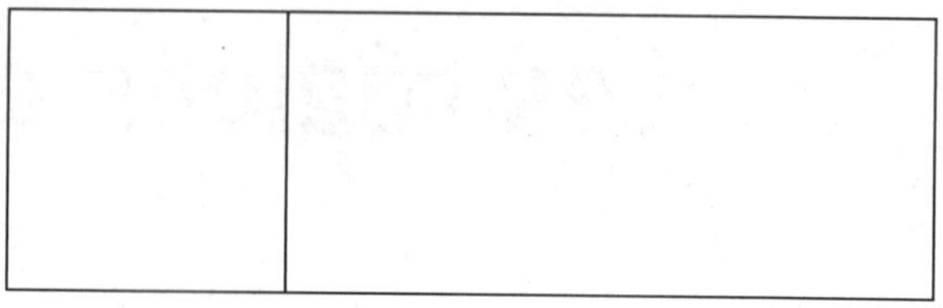

4 Indique le nombre de régions de chaque dessin.

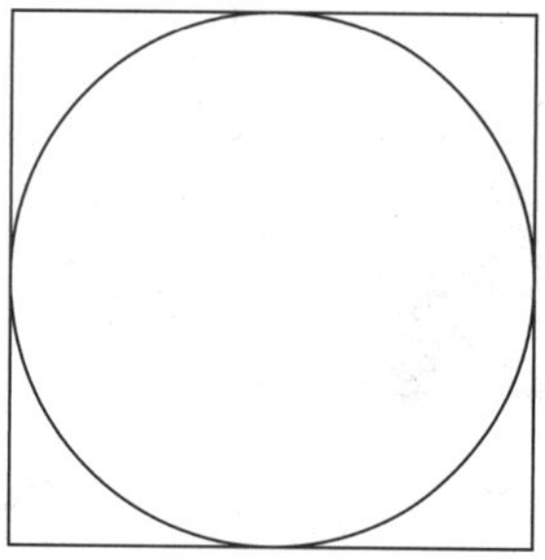

a ☐ régions

b ☐ régions

c ☐ régions

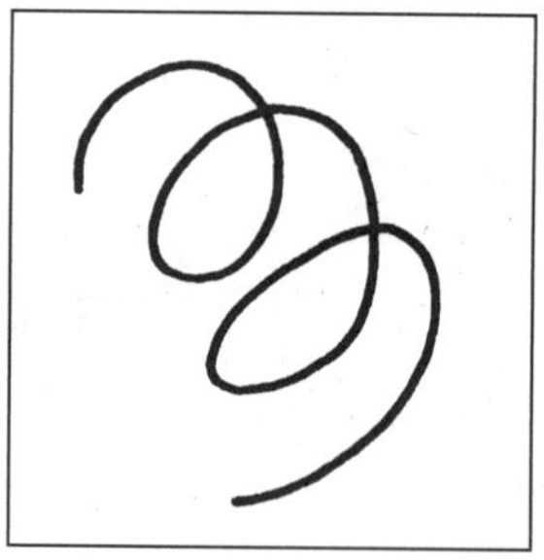

d ☐ régions

e ☐ régions

f ☐ régions

5 Dans chaque carré, trace des lignes pour respecter le nombre de régions indiqué.

a 2 régions

b 3 régions

c 5 régions

6 Complète le tableau.

	ligne ouverte	ligne fermée	ligne courbe	ligne brisée
	X		X	
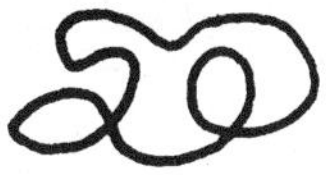				

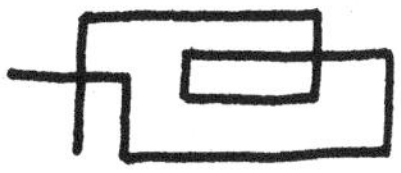				

7 Relie les points en respectant la consigne.

a

Une ligne brisée ouverte

b

Une ligne brisée fermée

c

Une ligne courbe ouverte

d

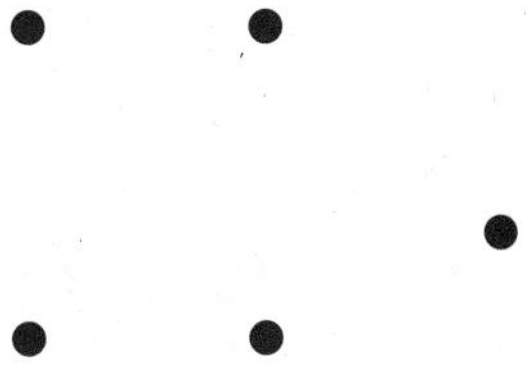

Une ligne courbe fermée

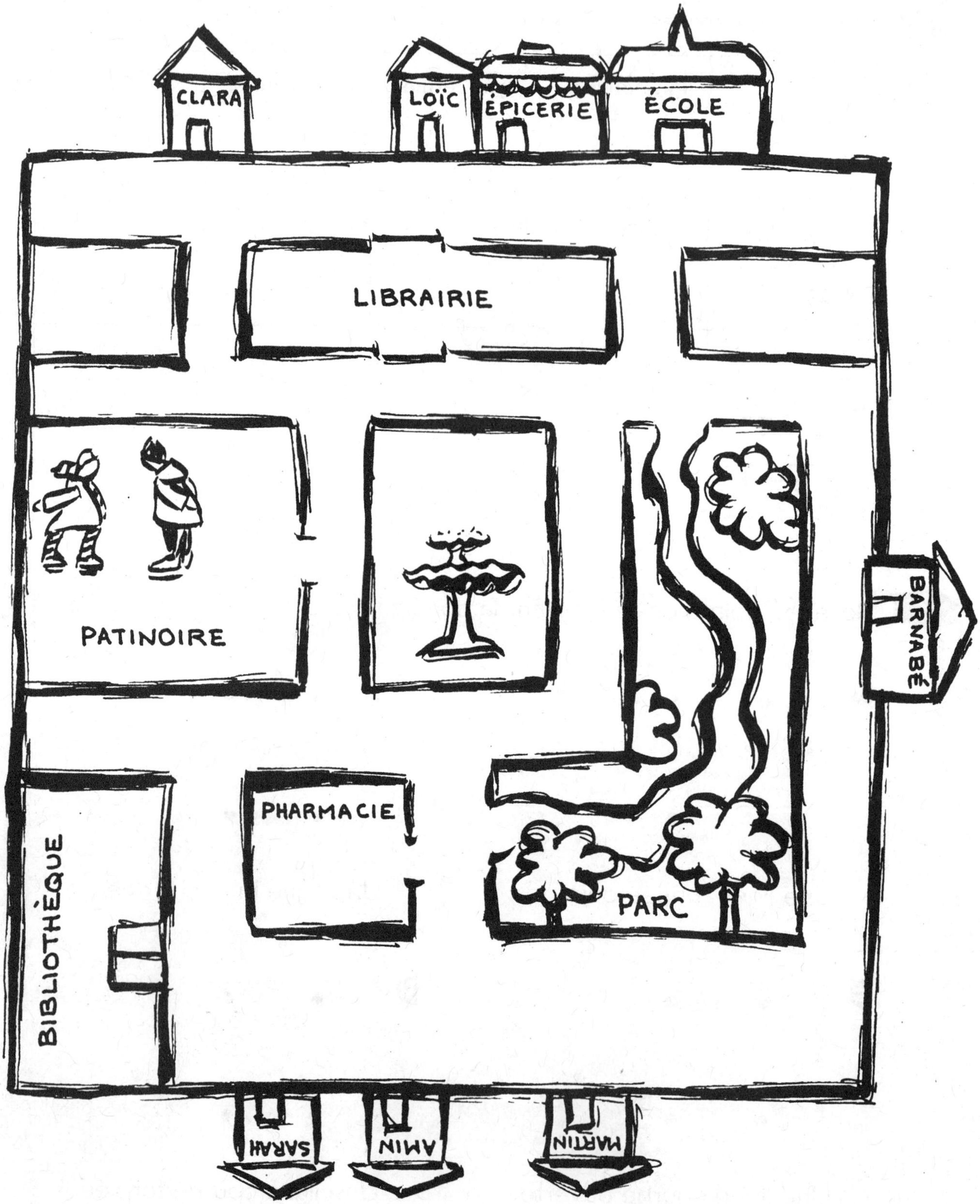
CLARA
LOÏC
ÉPICERIE
ÉCOLE
LIBRAIRIE
PATINOIRE
BARNABÉ
PHARMACIE
BIBLIOTHÈQUE
PARC
SARAH
AMIN
MARTIN

8 Observe le plan de la page précédente.

a Sarah va chez Clara par le chemin le plus court en passant devant la bibliothèque.

Trace en rouge le chemin qu'elle emprunte.

b Amin va chez l'épicier par le chemin le plus court en passant par le parc.

Trace en vert le chemin qu'il emprunte.

c Barnabé passe par le parc, s'arrête à la pharmacie, passe devant la bibliothèque, s'arrête à la patinoire, traverse la librairie et va chez Loïc.

Trace en bleu le chemin qu'il emprunte.

d Martin passe devant chez Barnabé, rencontre Amin chez l'épicier et va chez Clara.

Trace en jaune le chemin qu'il emprunte.

9 Trace les deux chemins que peut suivre Martin pour aller à la patinoire.

Mesure

Comparer et estimer des longueurs

1 Colorie de la même couleur les bâtons qui ont la même longueur.

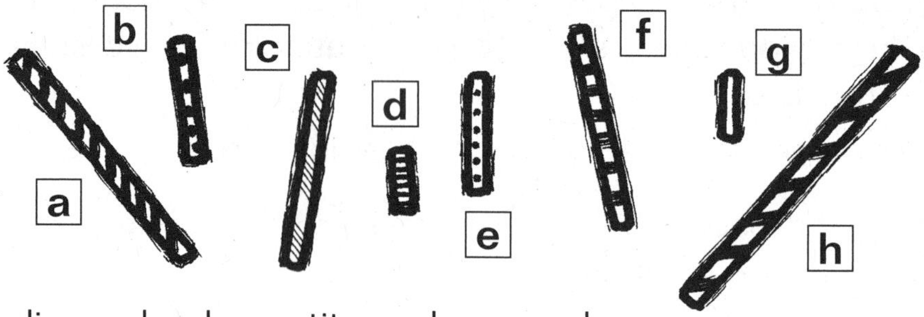

2 Classe les livres du plus petit au plus grand.

3 Sur chaque ligne, trace le nombre de points indiqué en laissant toujours la même distance entre les points.

a 2 points

b 4 points

c 6 points

4 Si •——• équivaut à 1 mètre, quelle distance sépare le loup de chacune des maisons des trois petits cochons ?

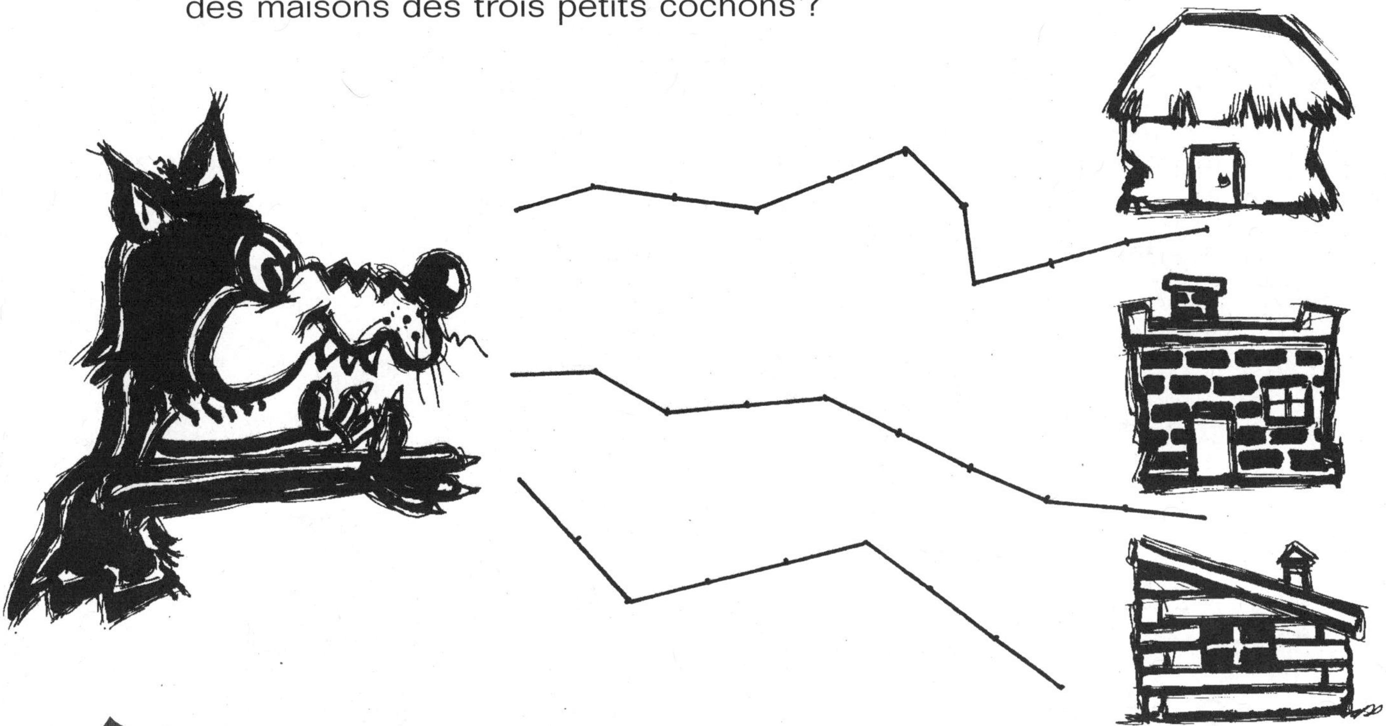

5 Entoure la mesure qui, dans la réalité, te paraît la plus juste.

a 1 m 10 m 60 m

b 10 m 1 m 2 m

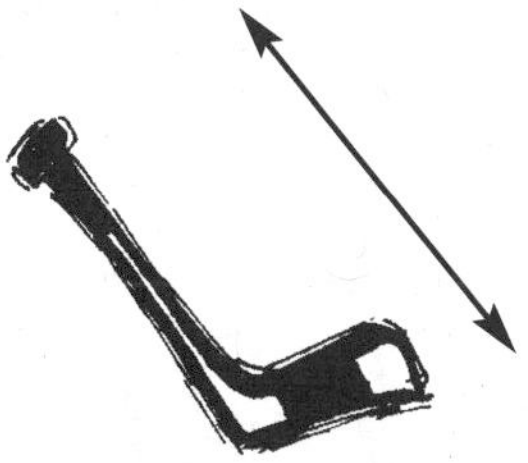

c 4 m 1 m 3 m

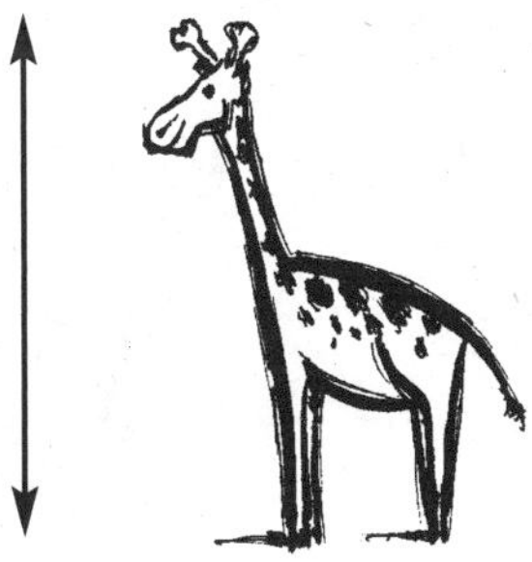

d 1 m 2 m 4 m

e 3 m 1 m 2 m

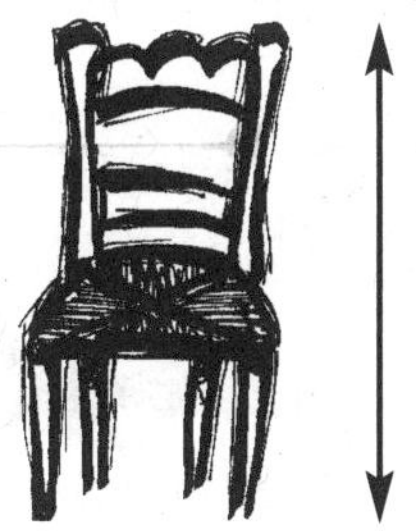

f 3 m 1 m 2 m

Le mètre et le décimètre

1 Voici 1 décimètre : 1 dm

Découpe une bande de papier de cette longueur. Utilise-la pour mesurer les lignes et écris dans les cases les signes < ou >, selon le cas.

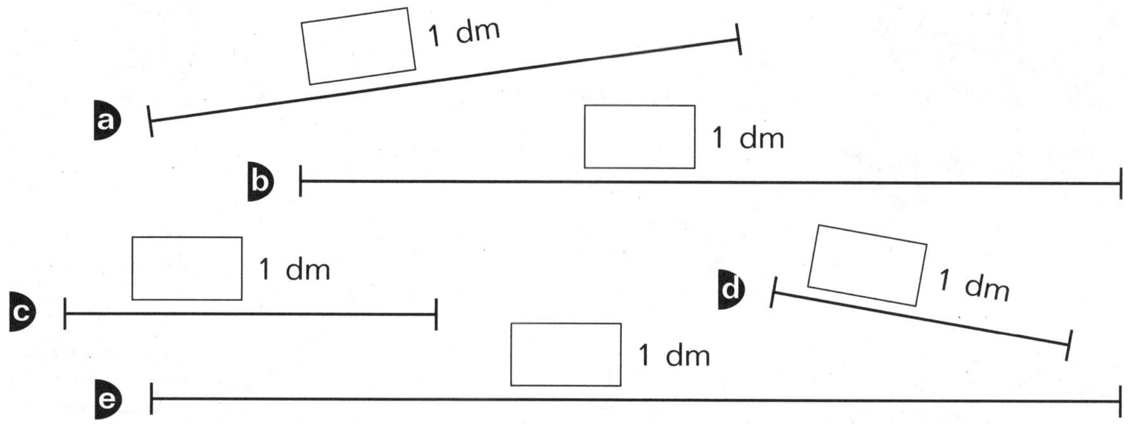

2 Entoure l'unité de mesure la plus pratique pour mesurer ce qui est dessiné ci-dessous (dans la réalité).

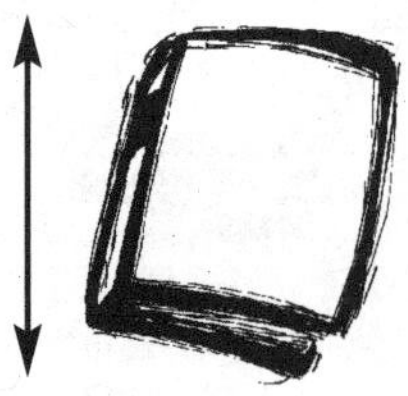
a m dm

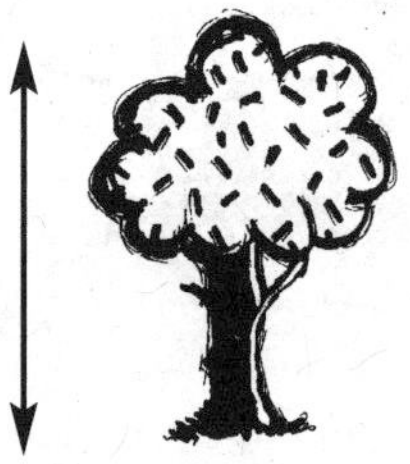
b m dm

c m dm

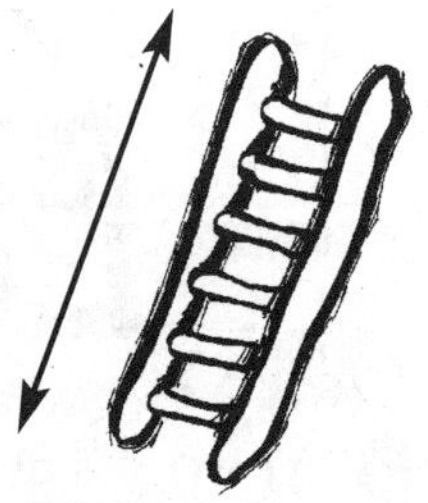
d m dm

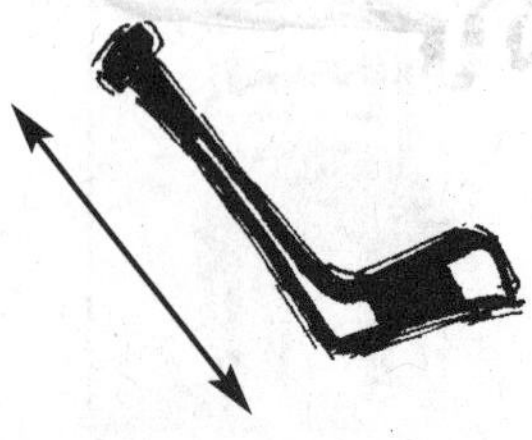
e m dm

f m dm

g m dm

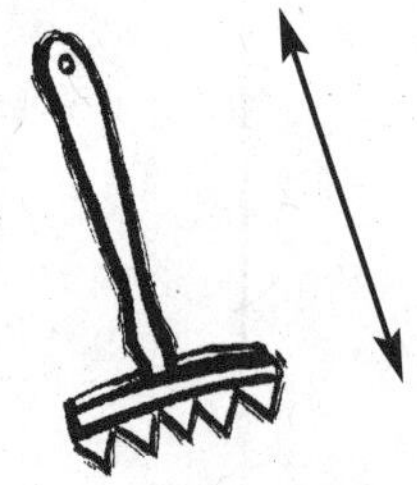
h m dm

3 Les trois petits cochons ont terminé la construction de leurs maisons. Ils sont en train d'emménager. Quels objets peuvent entrer :

a dans la maison en paille ? ______________________________

b dans la maison en bois ? ______________________________

c dans la maison en brique ? ______________________________

Il y a 10 décimètres dans 1 mètre. 1 m = 10 dm

4 Complète les égalités.

2 m = ____ dm   4 m = ____ dm   6 m = ____ dm

30 dm = ____ m   20 dm = ____ m   70 dm = ____ m

1 m et 5 dm = ____ dm   2 m et 3 dm = ____ dm

16 dm = ____ m et ____ dm

5 Écris dans les cases les signes <, > ou =.

4 dm ____ 1 m   9 dm ____ 1 m   7 dm ____ 7 m

60 dm ____ 6 m   11 dm ____ 1 m   15 dm ____ 2 m

6 Classe les cochons du plus petit au plus grand.

A. 1 m et 4 dm

B. 16 dm

C. 8 dm

D. 11 dm

E. 1 m et 5 dm

F. 2 m

____ ____ ____ ____ ____ ____

7 Pour empêcher les lapins de lui voler ses carottes, ce cochon veut entourer son jardin d'une palissade. La palissade qu'il a construite est-elle assez longue pour faire le tour de son jardin ?

____

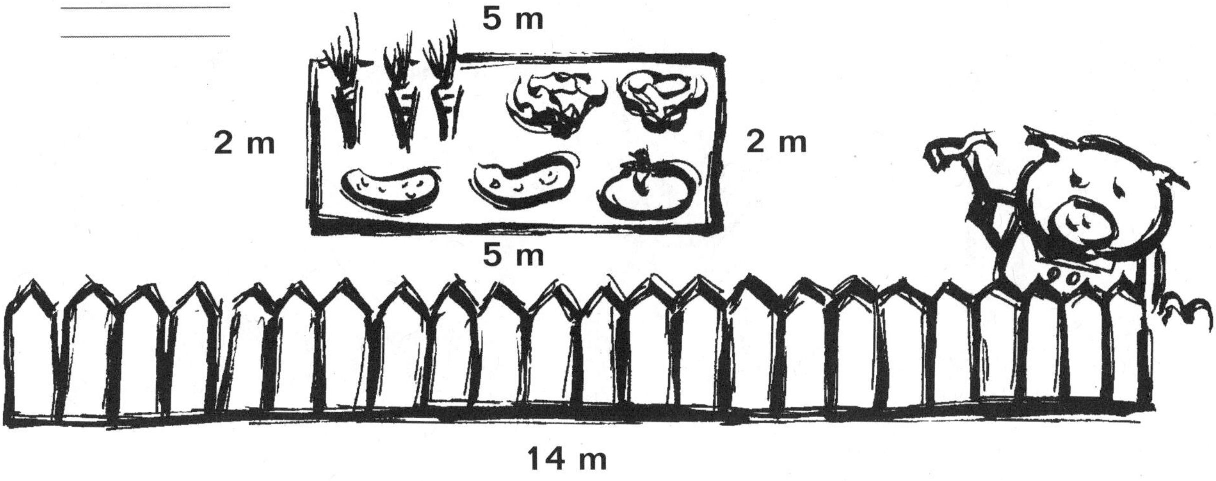

8 Un petit cochon voudrait entourer trois pièces de sa maison de bandes de papier comme celle qui est dessinée ci-dessous. Écris dans chaque pièce combien de bandes il lui faudra.

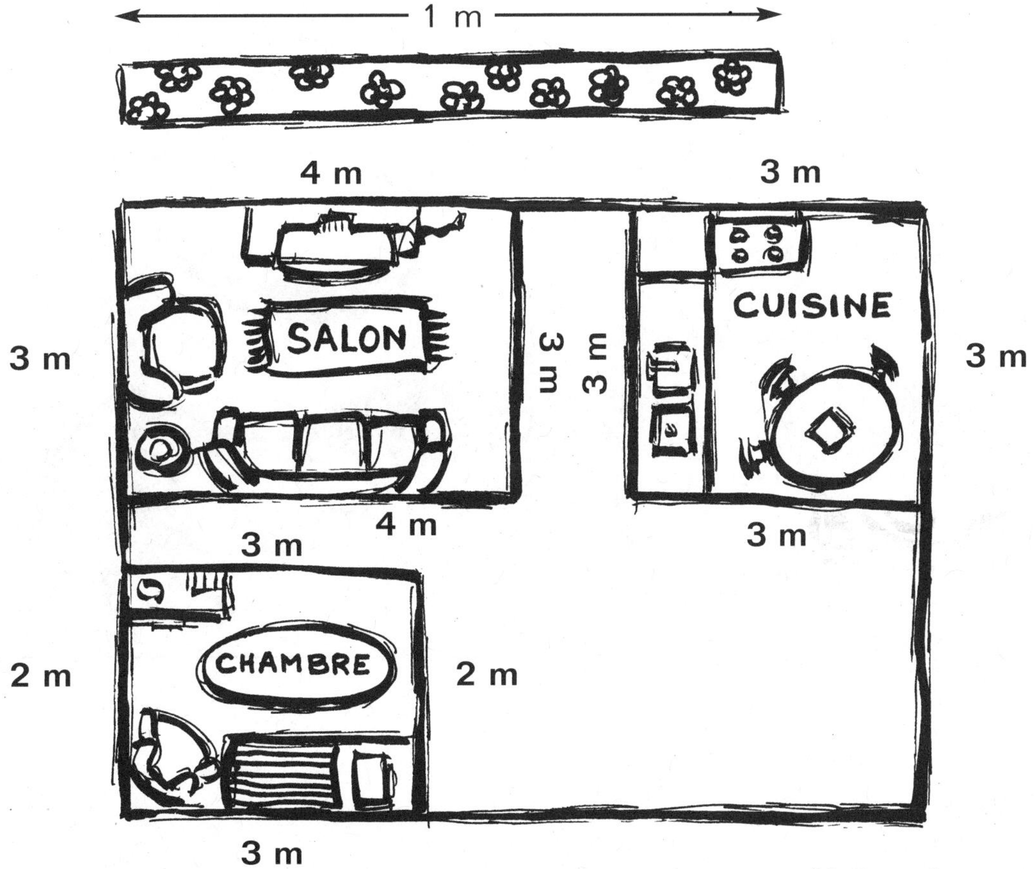

9 Avec une règle, mesure les animaux, puis mets les signes <, > ou = dans les bonnes cases.

a		1 dm
b		1 dm
c		1 dm
d		1 dm

Le temps

1 Pour chaque cadran, écris l'heure indiquée si c'est le jour ou le soir.

6 h ou 18 h

a 

_____ ou _____

b 

_____ ou _____

c 

_____ ou _____

d 

_____ ou _____

e 

_____ ou _____

2 Dessine les aiguilles sur chaque cadran selon l'heure indiquée.

a

7 h 00

b

19 h 00

c
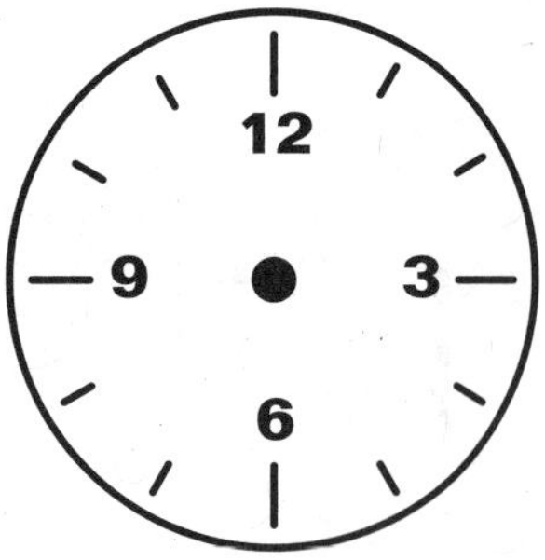

9 h 00

d

21 h 00

e

12 h 10

f

12 h 30

Corrigé

Français

PAGES 5 À 8 L'ordre alphabétique

1. À faire vérifier par un adulte.
2. a b c d e f g h i j k l m n
3. o p q r s t u v w x y z
4. Réponses possibles : avion - abeille - bateau - chat - champignon - collier - chien - drapeau - enfant - écureuil - étoile - fraise - foulard - grenouille - guitare - hérisson - hibou - igloo - jumelles - joue - kangourou - lapin - lunettes - marmotte - marguerite - marteau - noisette - nid - nuage - oiseau - oeuf - ours - papillon - poussin - parapluie - quille - raisin - soleil - souris - train - tortue - tulipe - ustensile - vache - violon - valise - wagon - xylophone - yo-yo - zèbre
5. a b c d e
k l m n o
6. **a** b - **d** e - **i** j - **l** m - **n** o - **p** q - **r** s - **t** u - **w** x - **y** z
7. c **d** - g **h** - k **l** - v **w** - h **i** - f **g** - t **u** - w **x** - a **b** - i **j**
8. b = 2 - e = 5 - j = 10 - o = 15 - r = 18 - t = 20
9. 16 = p - 1 = a - 18 = r - 20 = t - 5 = e - 26 = z Partez !

PAGE 9 La ponctuation

1. L'arbre qui a souvent besoin d'un mouchoir est le saule pleureur.
Le poisson qui n'a pas besoin d'eau est le poisson d'avril.
L'animal qui ne va jamais chez le coiffeur est la chauve-souris.
2. Lili et son frère chantent sous la pluie.

PAGES 10 ET 11 Calligraphie

1. À faire vérifier par un adulte.

PAGE 12 Les sons homophones é, er, ez

1. **é** : été - bébé - Zoé **er** : dîner - aller **ez** : nez - chez
2. En janvier, j'ai le **nez glacé** !

PAGE 13 Les sons homophones è, ê, ai, ei

1. **è** : père - mère - chèvre - lèvre **ê** : fête - rêve - bête **ai** : balai - laine - semaine - maison
ei : baleine - reine - neige
2.

f	**r**	**è**	**r**	**e**	b	ê
b	**a**	**l**	**e**	**i**	**n**	**e**
ê	**f**	**ê**	**t**	**e**	ê	b
l	**a**	**i**	**n**	**e**	r	a
r	**ê**	**v**	**e**	**r**	v	o

La chèvre dit : Bêê ! Bravo !

PAGE 14 Les sons homophones an, en

	a n
Protège les mains du froid.	g a n t
Pousse dans la terre.	p l a n t e
Congé	v a c a n c e s
Elle fabrique du pain.	b o u l a n g è r e

	e n
Il peut souffler très fort	v e n t
29 + 1	t r e n t e
Patienter	a t t e n d r e
Précaution	p r é v e n t i o n

PAGE 15 Les sons homophones in, ain, ein

1. **a)** lapin **b)** raisin **c)** matin **d)** patin **e)** main
   f) pain **g)** train **h)** frein **i)** peintre
2. Ce mat**in**, mon cous**in** a mangé ma tranche de p**ain** et ma grappe de rais**in**. Il est allé se cacher dans le jard**in**.

PAGE 16 g ou j

Bon**j**our ! **J**e m'appelle Geor**g**es Qu'il pleuve ou qu'il nei**g**e, **j**e porte tou**j**ours un chapeau quand **j**e voya**g**e loin de mon villa**g**e. Mes amis me trouvent **g**entil. Les autres sont des **j**aloux.

Je m'appelle **J**eanne. Mon père est boulan**g**er. **J**'aime le **j**aune et le rou**g**e. **J**'adore les sin**g**es et les **g**irafes. Tous les **j**ours, pour dé**j**euner, **j**e man**g**e une oran**g**e.

PAGE 17 Les majuscules

1. **S**ophie - **A**ntoine - **C**anada - **M**exique - **A**frique - **M**ontréal - **Q**uébec - **R**omain - **S**énégal - **P**atricia - **N**iger - **S**arah

PAGES 18 ET 19 m devant, m, p, b

1. Te**m**pête - dima**n**che - acco**m**pagne - ta**n**te - marcha**n**d - ve**n**d - po**m**mes - le**n**tilles - conco**m**bres - ja**m**bon - cha**m**pignons - bo**n**bons - Dima**n**che - i**m**perméable - to**m**bait - re**n**tré - Ta**n**t - i**m**portant - de**n**t
2. **a)** campagne - tambour - pompier - bonbon - compter - grimper - chambre - nombreux - trompette
   b) ca**m**pagne - ta**m**bour - po**m**pier - bo**n**bon - co**m**pter - gri**m**per - cha**m**bre - no**m**breux - tro**m**pette
   c) bo**n**bon
3. **a)** conco**m**bre - ta**m**bour - o**m**bre - ca**m**pagne - te**m**pête - ti**m**bre - co**mm**ission - e**mm**ener - gri**m**per
   b) m b p
4.

i	**m**	**p**	**o**	**s**	**s**	**i**	**b**	**l**	**e**
b	**i**	**m**	**p**	**o**	**r**	**t**	**a**	**n**	**t**
o	**c**	**o**	**m**	**m**	**e**	**n**	**c**	**e**	**r**
n	**t**	**r**	**o**	**m**	**p**	**e**	**t**	**t**	**e**
c	**o**	**m**	**p**	**o**	**t**	**e**	b	o	n

Dans la bulle est écrit : J'aime les **bonbon**s !

PAGES 20 ET 21 Les noms communs et les noms propres

1. Noms communs : mouton - pantalon Noms propres : Arthur - Halloween
2. En bleu : chat - chat - ami - dames - souris - rats - balles - bobines - chat - peluche
   En rouge : Bigoudi - Opéra - Bigoudi
3. Exemples de réponses : **noms communs :** sapin - fauteuil - chat - cadeau - étoile
   noms propres : Jean - Jeanne - Bernadette - Bernard - Mistigri

PAGE 22 Les noms au masculin et au féminin

1.

f	**v**	**o**	**i**	**s**	**i**	**n**	**e**	é
f	**l**	**e**	**u**	**r**	**a**	**m**	**i**	**e**
m	**l**	**a**	**p**	**i**	**n**	**e**	i	n
m	**a**	**r**	**c**	**h**	**a**	**n**	**d**	**e**
c	**o**	**u**	**s**	**i**	**n**	**e**	i	n

Mot mystère : féminin

2. lapine - cousine - voisine - marchande

PAGE 23 Les noms en ail, eil et euil

1. **un** éventail - **un** travail - **une** bataille - **un** soleil - **une** bouteille - **une** corneille - **un** fauteuil - **un** écureuil - **une** feuille
2. L'**écureuil** met u**ne feuille** dans u**ne bouteille** et se protège du **soleil** à l'aide d'u**n éventail**.

PAGES 24 ET 25 Les familles de mots

1. **dent / dent**iste - **cour**ir / **cour**eur - **an / an**née - **chant / chant**er - **joie / joy**eux - **ami / ami**tié - **bavard / bavard**er
2. **an**née - **cinq**uante - **fin**ir - **deux**ième - **personne**l - **dent**iste - **camp**er - **ami**cal - **trois**ième - **cinq**uième - **chant**er - **beau**té
3.

b	p	**a**	**t**	**t**	**e**	**r**	**r**	**i**	**r**
s	**o**	**u**	**t**	**e**	**r**	**r**	**a**	**i**	**n**
n	**t**	**e**	**r**	**r**	**e**	**s**	**t**	**r**	**e**
p	**t**	**e**	**r**	**r**	**a**	**i**	**n**	w	e
u	d	v	**t**	**e**	**r**	**r**	**i**	**e**	**r**

4. 1. beau 2. terre 3. an 4. vent 5. ours. Dans les cases grises, on peut lire : bravo.
5. Exemples de réponses : courageuse - malheureux - amoureuse - silencieux

PAGES 26 À 29 Les déterminants

1. **Déterminants au singulier :** le, la, un, une, mon, ton, son, ma, ta, sa, ce, cet, cette.
   Déterminants au pluriel : les, des, mes, tes, ses, nos, vos, leurs, ces, deux, trois, quatre.
2. Exemples de réponses : **a)** Une - un **b)** Ce - les **c)** Ses - des
3. – (...) Nous sommes <u>des</u> milliers de petits diables dispersés à travers <u>le</u> monde. Et nous aimons importuner <u>les</u> gens ; c'est <u>notre</u> métier. Nous sommes responsables de <u>tous</u> <u>les</u> désagréments de <u>la</u> vie...
   Furieuse, Zoé enfonça <u>le</u> diable dans <u>une</u> chaussette. Elle le ficela à <u>l'</u>aide d'<u>un</u> lacet et le jeta <u>au</u> fond d'<u>un</u> tiroir. Saucissonné comme <u>une</u> momie, <u>le</u> petit diable fulminait ! <u>Des</u> jets de vapeur sortaient de <u>ses</u> oreilles en sifflant ! <u>Des</u> flammes jaillissaient de <u>ses</u> naseaux ! Et <u>ses</u> petits yeux rouges lançaient <u>des</u> éclairs !
4. **un**, **le**, **mon**, **ton**, **son**, **ce** : masque - gant - circuit - but - bâton - pantalon
   une, **la**, **ma**, **ta**, **sa**, **cette** : casquette - chandelle - prise - balle - ceinture - gourde
5. **mon** frère - **ma** bicyclette - **sa** belle casquette - **son** pantalon - **une** gourde - **un** kiwi - **une** orange - **la** pelure - **le** chemin - **le** plus court - **son** gant
6. **le**, **un**, **ce**, **mon**, **ton**, **son** : pantalon, gant, bâton
   la, **une**, **cette**, **ma**, **ta**, **sa** : balle, gourde, casquette

PAGES 30 ET 31 Le groupe du nom

1. Entourer : jardinier - crocodile - Roger - pommier
2. La chèvre boit **l'eau.** L'eau éteint **le feu.** Le feu brûle **le bâton.** Le bâton assomme **le loup.** Le loup mange **la chèvre.**
3. [La chèvre] aime beaucoup [ses chevreaux]. [Le matin], avant [le déjeuner], elle lave [leur museau] et brosse [leur pelage]. Quand ils jouent dans [la cour], elle surveille toujours [le chien] de [la voisine] pour qu'il ne vienne pas embêter [ses petits].
4. Exemples de réponses : Le skieur - la danseuse - la balançoire - le lecteur - la dormeuse

PAGES 32 ET 33 Lecture et compréhension

a) faux - vrai - faux

b) Non

c) Elle chantait les yeux fermées.

d) Les gens se sauvaient.

PAGES 34 ET 35 Le grand jeu du lièvre et de la tortue

QUESTIONS POUR LE LIÈVRE : **1.** Exemples de réponses : lièvre - tortue - salade **2.** i **3.** mes - tes - ses **4.** Un nom propre commence toujours par une majuscule. **5.** sept **6.** Vrai **7.** passé **8.** les roses

QUESTIONS POUR LA TORTUE : **1.** Exemples de réponses : Sophie - Éric - Camille **2.** j **3.** lacet**s** **4.** nos - vos - ces **5.** Un pronom est un mot qui remplace un groupe du nom. **6.** Mes soeurs **7.** futur **8.** neuf

PAGES 36 À 38 L'accord dans le groupe du nom

1. le/la/l' ➛ les - un/une ➛ des - mon/ma ➛ mes - ton/ta ➛ tes - son/sa ➛ ses
2. **des** orange**s** - **une** banane - **des** citron**s** - **un** kiwi - **des** concombre**s** - **des** pêche**s**
3. **Les** clôtures de **mes** voisins. **Les** oreilles de **tes** chiens.
4. **des** poux - **la** tête - **ses** enfants - **des** bananes
5. banane**s** - pomme - poire - raisin**s**
6. **les** tigre**s** - **le** hibou - **les** chat**s** - **les** lion**s** - **le** cheval - **les** renard**s** - **les** loup**s** - **le** crapaud
7. un cornichon (tous les autres mots sont au pluriel)
8. sourd**s** - tambour**s** - chemin**s** - enfant**s**

PAGE 39 Les lettres muettes

1. Entourer : noix - doux - nez - nuit - outil - gentil - tabac
2. peti**t** - cour**t** - gri**s** - froi**d** - lour**d** - gro**s** - lai**d** - lon**g** - blan**c**
3. le respec**t** - un mon**t** - le bor**d** - un bon**d** - un refu**s** - un tapi**s** - un dépar**t** - le chan**t** - un sau**t** - le galo**p** - le regar**d** - un sanglo**t**

PAGE 40 Les nombres écrits en lettres

1. a) quatre b) un c) quinze
2. a) sept b) cinq c) neuf d) six e) huit f) deux

PAGE 41 Les petits mots invariables

1. **Quand** le soleil brille, je suis heureux. Je saute **dans** mes espadrilles **et** je vais promener mes boeufs. Ils s'en vont deux **par** deux. Je joue **souvent** aux billes.

PAGES 42 ET 43 Les accents

1. À faire vérifier par un adulte.
2. **a)** lumi**è**re **b)** c**é**leri **c)** m**è**re
3. Exemples de réponses : **accent aigu :** cheminée - étoile **accent grave :** rivière - fermière **accent circonflexe :** château - fenêtre
4. fermi**è**re - Gis**è**le - f**ê**te - ch**â**teau - d**é**guis**é** - **é**toiles - p**ê**che - tr**é**sor - cr**è**me - glac**é**e - invit**é**s

PAGES 44 ET 45 Les pronoms

1. **a)** Cette pomme **b)** Mes soeurs **c)** Mes coquins **d)** mon chapeau
2. **a)** ~~Tatiana~~ Elle **b)** ~~Mes billes~~ Elles **c)** ~~la grenouille~~ la **d)** ~~ce biscuit~~ le **e)** ~~tes crayons~~ les

PAGES 46 ET 47 Les homonymes

1. A ➛ ver B ➛ verre
2. A ➛ mère B ➛ mer
3. **a)** une mère **b)** la mer
4. A ➛ lait B ➛ laid
5. Ma **mère** est partie au bord de la **mer**. En chemin, elle a rencontré un monstre très **laid** qui buvait un **verre** de **lait**. L'horrible bête était à quatre pattes dans l'herbe pour chercher un **ver** de terre. Maman lui a dit : « Que faites-vous là, monstre très **laid** ? » Celui-ci lui a répondu : « Je bois du **lait** dans un **verre**. Voulez-vous partager ma collation ? » Ma **mère** s'est écriée : « Oh merci ! vous êtes très gentil ! »

PAGES 48 ET 49 Lecture et compréhension

1. **a)**
2. non
3. Dans une cassette de bois.
4. Faux (Il soupçonne sa fille.)
5. **b)**
6. Faux (Elle s'éloigne de la maison.)

PAGES 50 ET 51 La phrase

1. **a)** Une phrase **b)** Deux phrases **c)** Trois phrases
2. **a)** Mes frères aiment les voitures. **b)** Je ne suis jamais grognon. **c)** Je ne veux pas manger ces épinards. **d)** Tu aimes la confiture de framboise. **e)** Tu as un gros chien. **f)** Elle a huit ans.

PAGE 52 La phrase au présent ou au passé

1. **a)** <u>Maintenant</u>, je préfère le myosotis et la rose. (présent)
   b) <u>Hier</u>, j'ai accroché sept violettes à ma casquette. (passé)
   c) <u>Le mois dernier</u>, les pommiers étaient en fleurs. (passé)

PAGE 53 La phrase au futur

1. **Souligner :** les phrases b, c, d.

PAGES 54 À 57 **Les adjectifs**

1. Florence avait des chats gras comme des voleurs ou minces comme des fils de fer.
   Florence était heureuse avec ses chats et ses chats étaient heureux avec elle et cela se voyait sans lunettes. Florence habitait un petit village où tout le monde la connaissait.
2. L'adjectif fait partie du groupe du nom.
3. **a)** un gros chat **b)** un chat méchant **c)** un chat maigre
4. grande - courtoise
5. verte - bon - profonde - haute
6. La moustache fine - Le sourcil épais
7. petit - blond - distrait - patient
8. charmante - petite - grise - contente - énervante

Dictées

Le roi gris (PAGE 58)

Certains disaient que le **roi** n'était qu'un esprit, une espèce de **fantôme**; pour d'autres, c'était un monstre horrible, avec plusieurs bras, une tête de taureau, des **ailes** de vautour et une **queue** de serpent. Les uns disaient qu'il crachait du feu, les autres prétendaient qu'il n'avait jamais existé. On racontait aussi qu'il avait été tué un jour par un chevalier de passage. On disait encore **beaucoup** d'autres sottises. Mais il ne faut pas croire tout ce que la rumeur colporte. Ce roi était tout à fait un être **humain**, comme toi et **moi**. Il avait deux bras, deux **jambes**, un nez au milieu de la **figure** et deux **oreilles**, une de chaque côté de la tête.

1. roi

Le son **oi** se prononce **oua**. Voici d'autres mots qui contiennent le son **oi**: j**oi**e, fr**oi**d, t**oi**, m**oi**.

2. fantôme

Les accents sont des petits signes que l'on met sur les voyelles. Fant**ô**me (comme ar**ô**me) prend un **accent circonflexe** sur le **o**.

3. ailes

Ailes est un nom. Il s'écrit avec un **s** à la fin parce qu'il est au pluriel. Pour mettre un nom au pluriel, on ajoute généralement un **s** à la fin. Exemple: une aile, **des** aile**s**. Après les déterminants les, **des**, mes, ses, tes, nos, vos, les noms sont toujours au pluriel.

4. queue

La lettre **q** est toujours suivie d'un **u**, sauf à la fin de quelques mots. Exemples: cin**q**, co**q**.

5. beaucoup
Beaucoup est un mot invariable (un adverbe) qui indique la quantité. **Beaucoup** est le contraire de **peu**. Exemple : J'ai **beaucoup** d'amis.

6. humain
On n'entend pas la lettre **h** quand on prononce le mot **humain**. En effet, certaines lettres ne s'entendent pas quand on prononce un mot. On les appelle des lettres muettes. Exemples : **h**omme, **h**iver.

7. moi
Certains mots se prononcent de la même façon mais ne s'écrivent pas de la même façon. Pour savoir comment ils s'écrivent, il faut tenir compte du contexte. **Moi** est un pronom personnel. Il est invariable. Un **mois** est l'une des 12 périodes qui divisent l'année.

8. jambes
Devant les lettres **m**, **p**, **b**, la lettre **n** devient **m** (sauf exception, comme dans le mot bonbon). Exemples : e**mm**ener, i**mp**ortant, cha**mb**re.

9. figure
Après les déterminants le, **la**, un, une, mon, ma, son, sa, ton, ta, notre, votre, le nom est au singulier.

10. oreilles
Oreilles est un nom. Il s'écrit avec un **s** à la fin parce qu'il est au pluriel. Pour mettre un nom au pluriel, on ajoute généralement un **s** à la fin. Exemple : une oreille, **deux** oreille**s**. Après les nombres **deux**, trois, quatre..., les noms sont toujours au pluriel.

As-tu bien compris le texte ?

1. Il a une tête de **taureau**. **2.** Par un **chevalier** de passage.

Le trésor (PAGE 60)

Il fait très **chaud**. La route **grimpe** le long d'une montagne. Charlie et **Léa** marchent d'un pas décidé. Lorsqu'ils **arrivent** au sommet, un **homme** surgit d'un buisson, un bâton à la **main**.

«Ah ! Te voilà sale chien ! hurle-t-il **menaçant**. Ton maître ne doit pas être très loin. Tu **vas** pouvoir me conduire jusqu'à lui.

— Qui es-tu ? ose demander **Léa** tremblante de peur. Tu connais Charlie ?

— Et **toi** ! crie l'**homme** en se tournant vers la **petite** fille. Tu sais sans doute où se trouve ce maudit marin et son trésor.

1. chaud
On n'entend pas la lettre **d** quand on prononce le mot **chaud**. En effet, certaines lettres ne s'entendent pas quand on prononce un mot. On les appelle des lettres muettes. Souvent, on peut trouver cette lettre en mettant le mot au féminin. Exemple : chau**d**/chau**de**.

2. grimpe
Devant les lettres **m**, **p**, **b**, la lettre **n** devient **m** (sauf exception, comme dans le mot bonbon). Exemples : e**mm**ener, i**mp**ortant, cha**mb**re.

3. Léa
Les noms de personnes sont des noms propres. Ils commencent toujours par une lettre majuscule.

4. arrivent
Arrivent est le verbe **arriver**. Il se termine par -**ent** parce qu'il s'accorde avec le pronom personnel **ils**, qui est à la 3e personne du pluriel. Les verbes conjugués à la 3e personne du pluriel (ils, elles) du présent de l'indicatif se terminent par -**ent**. Exemples : il**s** aim**ent**, elle**s** chant**ent**.

5. homme
On n'entend pas la lettre **h** quand on prononce le mot **homme**. En effet, certaines lettres ne s'entendent pas quand on prononce un mot. On les appelle des lettres muettes. Exemples : **h**orizon, **h**orrible.

6. main
La **main** est une partie du corps humain.
☛ Les noms des parties du corps humain sont des mots que les élèves de 2e année doivent savoir écrire. Exemples : la bouche, le bras, le cheveu, le cou, le doigt, le dos, le genou, la jambe, la joue, la **main**, le menton, le nez, le pied, la tête, les yeux. ☚

7. menaçant
La lettre **c** se prononce comme un **s** seulement devant les lettres **e** et **i**. Exemples : **ce**rise, mer**ci**. Devant les lettres **a**, **o** et **u**, la lettre **c** peut aussi se prononcer comme un **s**, mais à condition d'y ajouter une cédille. Exemples : le**ço**n, fa**ça**de, re**çu**.

8. vas
Vas est le verbe **aller** conjugué à la 2e personne du singulier de l'indicatif présent.
☛ Les élèves de 2e année doivent savoir conjuguer le verbe **aller** à l'indicatif présent (1re, 2e, 3e personnes du singulier) : je vais, tu vas, il, elle va. ☚

9. toi
Certains mots se prononcent de la même façon mais ne s'écrivent pas de la même façon. Pour savoir comment ils s'écrivent, il faut tenir compte du contexte. **Toi** est un pronom personnel de la 2e personne du singulier. Exemple : **Toi**, tu vas me dire ton secret ! Un **toit** est le dessus d'une maison. Exemple : Le chat est monté sur le **toit**.

10. petite
Petite est un adjectif. Il s'écrit avec un **e** à la fin parce qu'il s'accorde avec le nom **fille**, qui est féminin. Pour mettre un adjectif au féminin, on ajoute généralement un **e** à la fin. Exemple : un petit garçon, un**e** petit**e** fille.

As-tu bien compris le texte ?

1. Un montagnard habite à la **montagne**. **2.** Charlie est un **chien**.

Un long nez (PAGE 62)

Elle regarde ses **amis** à tour de rôle.
— Enfin ! Est-ce que j'ai l'**habitude** de raconter des **mensonges**, moi ?
Sans hésiter, Zaza, Jojo[,] Ti-Tom, Boris et même **Charlotte** font oui de la tête.
— Si tu étais Pinocchio, rigole Zaza, tu aurais le **nez** long comme ça.
De ses **deux mains** elle fait un fabuleux pied de **nez**.
— Je ne mens **jamais**, c'est... c'est de l'humour. Voilà !

1. amis
Amis est un nom. Il s'écrit avec un **s** à la fin parce qu'il est au pluriel. Pour mettre un nom au pluriel, on ajoute généralement un **s** à la fin. Exemple : son ami, ses ami**s**. Après les déterminants les, des, mes, **ses**, tes, nos, vos, les noms sont toujours au pluriel.

2. habitude
On n'entend pas la lettre **h** quand on prononce le mot **habitude**. En effet, certaines lettres ne s'entendent pas quand on prononce un mot. On les appelle des lettres muettes. Exemples : **h**abit, **h**abiter.

3. mensonges
La lettre **g** se prononce comme un **j** quand elle est placée devant un **e**, un **i** ou un **y**. Exemples : **ge**nou, **gi**bier, **gy**mnase.

4. [,]
Il faut mettre une virgule pour séparer chaque mot d'une énumération.
Exemple : Pierre[,] Paul[,] Jacques[,] Jérémie et Joseph sont venus chez moi.

5. Charlotte
Les noms de personnes sont des noms propres. Ils commencent toujours par une lettre majuscule.

6. nez
Les sons **er** et **ez** se prononcent de la même façon mais ne s'écrivent pas de la même façon. Le **nez** est l'organe de l'odorat. C'est une partie du corps humain.
☛ Les noms des parties du corps humain sont des mots que les élèves de 2e année doivent savoir écrire. Exemples : la bouche, le bras, le cheveu, le cou, le doigt, le dos, le genou, la jambe, la joue, la main, le menton, le **nez**, le pied, la tête, les yeux. ☚

7. deux

☛ Les élèves de 2e année doivent savoir écrire en lettres les nombres de un à seize : un, **deux**, trois, quatre, cinq, six, sept, huit, neuf, dix, onze, douze, treize, quatorze, quinze, seize. ☚

8. mains

Mains est un nom. Il s'écrit avec un **s** à la fin parce qu'il est au pluriel. Pour mettre un nom au pluriel, on ajoute généralement un **s** à la fin. Exemple : une main, **deux** main**s**. Après les nombres **deux**, trois, quatre..., les noms sont toujours au pluriel.

9. jamais

Jamais est un mot de relation (un adverbe) qui signifie «à aucun moment». Il est invariable. Exemple : Elle ne dit **jamais** la vérité.

As-tu bien compris le texte ?

1. mensonges **2.** Zaza fait un fabuleux **pied de nez**.

Le prince amoureux (PAGE 64)

La **pleine** lune régnait dans le ciel, et sa **lumière** donnait à l'air une douceur **légère**. **Alors**, brusquement, il la vit, **devant** lui, la **princesse** de son **cœur**! Il tendit les mains, mais celles-ci ne touchèrent que le vide. Alors ses **oreilles** bourdonnèrent, sa tête tourna, son coeur battit la chamade, et il poussa un **long** gémissement. Les yeux brillants, il revint dans le grand vestibule, tâtonnant et trébuchant comme un aveugle. Des murmures parcoururent les **invités**.

1. pleine

Les sons **ei** et **ai** se prononcent de la même façon mais ne s'écrivent pas de la même façon. Exemples : n**ei**ge, fr**ai**se. **Pleine** est le féminin de **plein**. C'est le contraire de **vide**. Une **plaine** est une grande étendue de terre sans montagnes.

2. lumière

Les accents sont des petits signes que l'on met sur les voyelles. La lettre **e** se prononce différemment si elle porte un accent **aigu**, un accent **grave** ou un accent **circonflexe**. Lumi**è**re (comme chaumi**è**re) prend un **accent grave** sur le premier **e**.

3. légère

Légère est le féminin de **léger**. Les accents sont des petits signes que l'on met sur les voyelles. La lettre **e** se prononce différemment si elle porte un accent **aigu**, un accent **grave** ou un accent **circonflexe**. **Légère** (comme **cé**l**è**bre) prend un **accent aigu** sur le premier **e** et un **accent grave** sur le deuxième **e**.

4. Alors

Une phrase commence toujours par une majuscule. On sait qu'une nouvelle phrase commence parce qu'il y a un point [.] juste avant le mot «Alors».

5. devant

On n'entend pas la lettre **t** quand on prononce le mot **devant**. En effet, certaines lettres ne s'entendent pas quand on prononce un mot. On les appelle des lettres muettes. Exemples : avan**t**, pendan**t**. **Devant** est le contraire de **derrière**.

6. princesse

Si on ne mettait pas deux **s** à **princesse**, il faudrait prononcer «princè**z**e». Entre deux voyelles (a, e, i, o, u, y), la lettre **s** se prononce comme un **z**. Par exemple, val**ise**, co**usi**n.

7. coeur
Les sons **oeur** et **eur** se prononcent de la même façon, mais ne s'écrivent pas de la même façon. Exemples : s**oeur**, p**eur**.

8. oreilles
Les sons **eil** et **eille** se prononcent de la même façon mais ne s'écrivent pas de la même façon. Le plus souvent, les mots terminés par -**eil** sont masculins, et les mots terminés par -**eille** sont féminins. Exemples : un sol**eil**, une ab**eille**.

9. long
On n'entend pas la lettre **g** quand on prononce le mot **long**. En effet, certaines lettres ne s'entendent pas quand on prononce un mot. On les appelle des lettres muettes. Souvent, on peut trouver cette lettre en mettant le mot au féminin. Exemple : lon**g** / lon**gue**.

10. invités
Invités est un nom. Il s'écrit avec un **s** à la fin parce qu'il est au pluriel. Pour mettre un nom au pluriel, on ajoute généralement un **s** à la fin. Exemple : l'invité, **les** invité**s**. Après les déterminants **les**, des, mes, ses, tes, nos, vos, les noms sont toujours au pluriel.

As-tu bien compris le texte ?

1. La **lune** régnait dans le ciel. **2.** Il revint dans le grand **vestibule**.

Le chien Tom (PAGE 66)

Sylvain va voir Tom, le chien du **voisin**.
«Bonjour, Monsieur. Puis-je **emmener** Tom faire un tour ?»
Tom jappe et saute de **joie**.
«Tu l'entends ? dit le voisin. **Je** crois qu'il est d'accord**.**»
Sylvain **emmène** Tom dans un parc. Il ramasse un **bâton** et le lance le plus loin possible.
«Va chercher le **bâton** !» crie Sylvain.
Tom court, plonge dans un **buisson** et… revient avec une **vieille** chaussure dans la gueule.
«Tom ! Retourne chercher le **bâton**!» s'impatiente Sylvain.
Cette fois Tom ne se trompe pas. Il **rapporte** le bâton à Sylvain.

1. voisin
Le son **oi** se prononce **oua**. Voici d'autres mots qui contiennent le son **oi**: j**oi**e, fr**oi**d, t**oi**, m**oi**.

2. emmener
Devant les lettres **m**, **p**, **b**, la lettre **n** devient **m** (sauf exception, comme dans le mot bonbon). Exemples : e**mm**êler, i**mp**ortant, cha**mb**re.

3. joie
On n'entend pas la lettre **e** quand on prononce le mot **joie**. En effet, certaines lettres ne s'entendent pas quand on prononce un mot. On les appelle des lettres muettes. Exemples : oi**e**, soi**e**.

4. Je
Une phrase commence toujours par une majuscule. On sait qu'une nouvelle phrase commence parce qu'il y a un point (.) juste avant le mot «Je».

5. ☐·

Une phrase se termine toujours par un point.

6. bâton

Les accents sont des petits signes que l'on met sur les voyelles. **Bâton** (comme **â**ge) prend un **accent circonflexe** sur le **â**.

7. buisson

Si on ne mettait pas deux **s** à **buisson**, il faudrait prononcer «bui**z**on».

Entre deux voyelles (a, e, i, o, u, y), la lettre **s** se prononce comme un **z**. Par exemple, o**ise**au, ra**isi**n.

8. vieille

Vieille est un adjectif. C'est le féminin de **vieux**. Il est ici au féminin parce qu'il s'accorde avec le nom **chaussure**, qui est féminin. Exemple : un **vieux** soulier, un**e** **vieille** chaussure.

9. rapporte

Rapporte est le verbe **rapporter**. Il se termine par -**e** parce qu'il s'accorde avec le pronom personnel **Il**, qui est à la 3e personne du singulier. Les verbes conjugués à la 3e personne du singulier (il, elle) du présent de l'indicatif se terminent par -**e**. Exemples : il aim**e**, elle chant**e**.

As-tu bien compris le texte ?

1. Tom appartient au **voisin**. **2.** Ils font **wouf ! wouf !**

PAGE 68 **La langue des barbares**

Qu'est-ce que tu fais ? (ou **Que fais-tu ?**)

Je fais un gâteau. C'est la fête **de** mes chats.

Qui a pris mes chats ? (ou **Qui est-ce qui** a pris mes chats ?)

Ah ! J'étais inquiet **parce que** vous étiez partis.

Mathématique

Nombres

PAGES 70 À 72 L'ordre des nombres

1. **a)** Grégoire **b)** Marie **c)** Abdou **d)** Nicolas **e)** Anne et Slava **f)** Patrick et Jérôme
g) Jeanne **h)** Sarah **i)** Amin **j)** Caroline **k)** Minh-Tu **l)** Victor

2. 9 **10** 11 63 **64** 65 89 **90** 91 70 **71** 72 199 **200** 201 310 **311** 312 539 **540** 541 698 **699** 700

3. **23** 24 **25** **59** 60 **61** **78** 79 **80** **549** 550 **551** **119** 120 **121** **198** 199 **200**

4. **21** **22** 23 **24** **25** **398** **399** 400 **401** **402**

5. 17 **18** **19** 20 33 **34** **35** 36 183 **184** **185** 186 298 **299** **300** 301

6. 125 **126** 127 **128** **129** **130** 131 **132** 133 **134**

PAGES 73 ET 74 Les signes < = >

1. **a)** < **b)** = **c)** >

2. 24 **>** 21 86 **>** 76 98 **>** 89 44 **<** 46 24 **<** 42 78 **<** 87 64 **>** 46 34 **<** 37
250 **>** 240 **>** 230 565 **>** 555 **>** 545 389 **>** 379 **>** 369 350 **<** 360 **<** 370 399 **<** 400 **<** 401 998 **<** 999 **<** 1000

3. 9 < **10** < 11 26 < **27** < 28 39 < **40** < 41 50 > **49** > 48 31 > **30** > 29 70 > **69** > 68
7 > **6** > 5 9 > **8** > 7 22 > **21** > 20 53 > **52** > 51 90 > **89** > 88 35 > **34** > 33
129 < **130** < 131 509 < **510** < 511 699 < **700** < 701
300 > **299** > 298 411 > **410** > 409 130 > **129** > 128

4. Entourer 53, 59 et 60.

5. Entourer 43 < 34 59 > 60 36 < vingt-six 91 = quatre-vingt-un
Bonnes réponses : 43 **>** 34 59 **<** 60 36 **>** vingt-six 91 **>** quatre-vingt-un

PAGE 75 Les nombres pairs et impairs

1. **a)** Colorier les drapeaux des enfants qui portent les nombres 90 et 74
b) Colorier les drapeaux des enfants qui portent les nombres 99, 93, 87, 67, 45 et 33.

2. Entourer en rouge : [ ] Entourer en bleu : [- - -]

[192] [- 871 -] [718] [802] [120] [- 345 -]

[324] [- 543 -] [796] [- 239 -] [- 347 -]

PAGES 76 ET 77 Les dizaines

1. **a)**

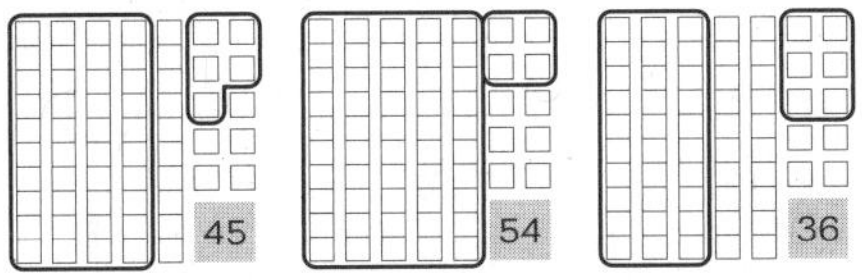

b) 4 **c)** 45 **d)** 3 **e)** 36 **f)** 5 **g)** 54

2. 15 = **1** dizaine + **5** unités = **10** + 5 45 = **4** dizaines + **5** unités = **40** + 5
54 = **5** dizaines + **4** unités = **50** + 4

3.

17 → **10** | **7**	27 → **20** | **7**	19 → **10** | **9**	30 → **30** | **0**
33 → **30** | **3**	40 → **40** | **0**	10 → **10** | **0**	11 → **10** | **1**
51 → **50** | **1**	64 → **60** | **4**	74 → **70** | **4**	88 → **80** | **8**

4.

	d	u
dix-sept	**1**	**7**
quinze	**1**	**5**
cinq		**5**
quatre-vingt-dix-huit	**9**	**8**
quarante-quatre	**4**	**4**
cinquante-six	**5**	**6**
quatre-vingt-neuf	**8**	**9**

	d	u
soixante	**6**	**0**
soixante-treize	**7**	**3**
quatre-vingts	**8**	**0**
soixante et onze	**7**	**1**
vingt et un	**2**	**1**
onze	**1**	**1**
soixante-dix	**7**	**0**

5. En bleu : — En vert : —

25 42 60 87 73 51 12 39 52 20

7 50 32 5 99 22 77 14 27 78

PAGES 78 ET 79 Les centaines

1. **a)** Entourer les voitures dix par dix. **b)** 20 **c)** Entourer les voitures cent par cent. **d)** 2 **e)** 202
2. **2** centaines **3** dizaines **1** unité = **200** + 30 + **1** = 231 = **23** dizaines **1** unité
   4 centaines **2** dizaines **1** unité = 400 + **20** + **1** = **421** = **42** dizaines **1** unité
   2 centaines **2** dizaines **5** unités = **200** + **20** + **5** = **225** = **22** dizaines **5** unités

PAGES 80 ET 81 L'ordre croissant et l'ordre décroissant

1. Suivre les nombres dans cet ordre : 85, 86, 87, 88, 89, 90, 91, 92.
2. 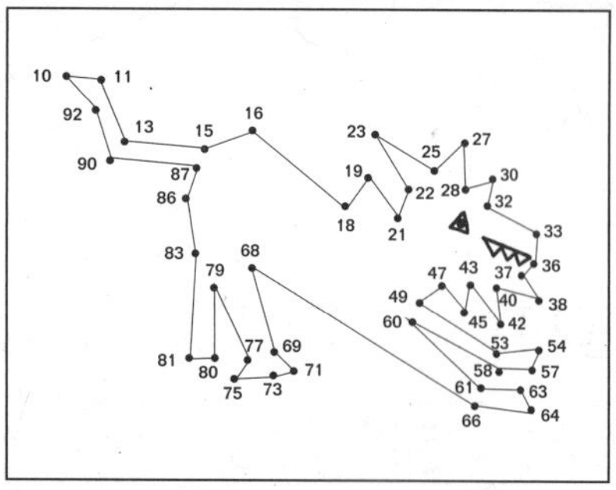
3. 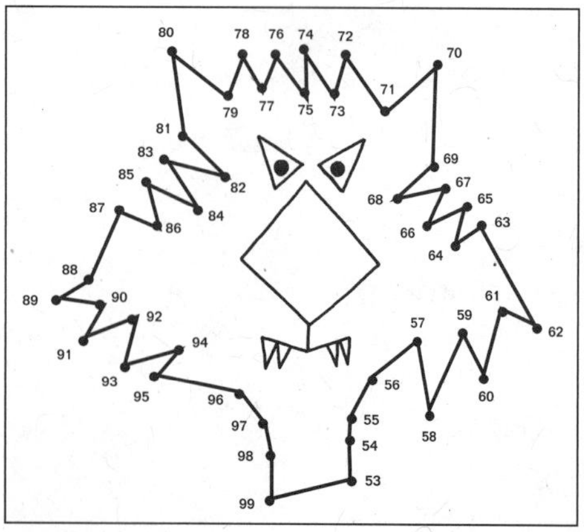
4.

959	950	895	759	633	514	454	369
p	o	r	c	é	p	i	c

PAGES 82 À 87 **L'addition**

1. 2 + 5 = **7** 4 + 5 = **9** 6 + 5 = **11** 7 + 5 = **12** 1 + 6 = **7** 3 + 6 = **9**
3 + 8 = **11** 4 + 8 = **12** 9 + 3 = **12** 1 + 1 + 6 = **8** 3 + 2 + 4 = **9** 3 + 2 + 7 = **12**

2. Colorier de la même couleur : 6 + 3, 7 + 2, 4 + 2 + 3 et 3 + 3 + 3.
Colorier de la même couleur : 2 + 3 + 2, 5 + 2, 4 + 3 et 4 + 2 + 1.
Colorier de la même couleur : 4 + 4, 3 + 5, 2 + 3 + 3 et 2 + 2 + 4.

3. 6 + **5** = 11 7 + **5** = 12 2 + 3 + **6** = 11 3 + **3** + 6 = 12 5 + 2 + **7** = 14 6 + 3 + 2 = **11**
2 + **5** + 5 = 12 4 + **4** + 6 = 14

4.

3+5+8	2+4+4	4+3+9	2+4+3	5+3+6	5+3+2		
s	**é**	**s**	**a**	**m**	**e**		
4+3+5	3+7+3	6+5+7	4+5+6	6+4	7+4+6	2+8+2	4+5+2
o	**u**	**v**	**r**	**e -**	**t**	**o**	**i**

5. Colorier de la même couleur : 10 + 6 et 16.
Colorier de la même couleur : 30 + 3 et 33.
Colorier de la même couleur : 50+ 8 et 58.
Colorier de la même couleur : 20 + 5 et 25.
Colorier de la même couleur : 40 + 3 et 43.
Colorier de la même couleur : 60 + 4 et 64.

6.
```
  22  =   20 + 2
+ 33  = + 30 + 3
        ---------
          50 + 5  = 55
```
(en gras : 20 + 2, 30 + 3, 50 + 5 = 55)

7.

65	43	**32**	**53**
+ **22**	+ **36**	+ 36	+ 24
87	79	68	77

243	352	**528**	**200**
+ **233**	+ **305**	+ 331	+ 754
476	657	859	954

8.

343	242	137	455	383	236
+ 235	+ 226	+ 332	+ 134	+ 215	+ 342
578	**468**	**469**	**589**	**598**	**578**

Colorier en bleu la porte sur laquelle la somme est 598.

9. Colorier de la même couleur : 120 + 6, 126 et 100 + 26
Colorier de la même couleur : 320 + 5, 325 et 100 + 225
Colorier de la même couleur : 230 + 3, 233 et 100 + 133
Colorier de la même couleur : 440 + 3, 443 et 230 + 213
Colorier de la même couleur : 500 + 80, 580 et 400 + 180
Colorier de la même couleur : 560 + 4, 564 et 150 + 414

10.
```
  14  =   10 + 4             (1)
+ 16  = + 10 + 6        ou    14
        ---------           + 16
          20 + 10 = 30      ----
                              30

  25  =   20 + 5             (1)
+ 25  = + 20 + 5        ou    25
        ---------           + 25
          40 + 10 = 50      ----
                              50

  37  =   30 + 7             (1)
+ 23  = + 20 + 3        ou    37
        ---------           + 23
          50 + 10 = 60      ----
                              60
```

11.

①	①	①	①	①	①	①	①	①	①	①	①
16	21	35	28	36	16	17	33	23	17	25	27
+ 24	+ 19	+ 27	+ 12	+ 4	+ 26	+ 18	+ 7	+ 27	+ 23	+ 15	+ 13
40	**40**	**62**	**40**	**40**	**42**	**35**	**40**	**50**	**40**	**40**	**40**

Colorier en rouge les jarres sur lesquelles le résultat est égal à 40.

PAGES 88 À 91 La soustraction

1.

−	9	8	7	6	5	4	3	2
18	**9**	**10**	**11**	**12**	13	**14**	**15**	**16**
17	**8**	**9**	**10**	**11**	**12**	**13**	**14**	**15**
16	**7**	**8**	**9**	**10**	**11**	**12**	**13**	**14**
15	**6**	**7**	8	**9**	**10**	**11**	**12**	**13**
14	**5**	**6**	**7**	**8**	**9**	**10**	**11**	**12**
13	**4**	**5**	**6**	**7**	**8**	**9**	**10**	**11**
12	**3**	**4**	**5**	**6**	**7**	**8**	**9**	**10**
11	**2**	**3**	**4**	**5**	**6**	**7**	**8**	**9**
10	**1**	**2**	**3**	**4**	**5**	**6**	**7**	**8**

2.

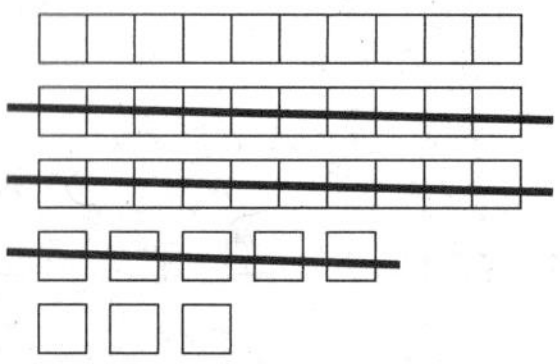

38 = **30** + **8**

− 25 = − **20** + **5**

10 + **3** = **13**

3.

84	79	99	68	85	76	54
− 62	− 28	− 33	− 15	− 31	− 20	− 14
22	**51**	**66**	**53**	**54**	**56**	**40**
98	76	66	89	46	39	59
− 63	− 35	− 43	− 57	− 21	− 11	− 38
35	**41**	**23**	**32**	**25**	**28**	**21**

Colorier en jaune les personnages sur lesquels il y a les résultats suivants : 22, 40, 35, 41, 23, 32, 25, 28, 21.

4. **En blanc :** 11 – 2, 10 – 1, 17 – 8, 12 – 3, 18 – 9, 14 – 5, 16 – 7, 13 – 4, 15 – 6
En brun : 17 – 9, 12 – 4, 11 – 3, 16 – 8, 9 – 1, 13 – 5, 10 – 2, 15 – 7, 14 – 6
En bleu clair : 10 – 3, 8 – 1, 11 – 4, 13 – 6, 9 – 2, 12 – 5, 14 – 7, 15 – 8, 16 – 9
En rouge : 12 – 6, 14 – 8, 9 – 3, 15 – 9, 11 – 5, 10 – 4, 8 – 2 **En rose :** 7 – 2, 9 – 4
En bleu foncé : 13 – 9, 10 – 6, 8 – 4 **En jaune :** 9 – 6

5.

5 4 8	**7 3 4**	4 7 9	6 8 5
− **2 2 4**	− 3 2 2	− **4 2 9**	− **7 2**
3 2 4	4 1 2	5 0	6 1 3

6. a) 60 = **60** + **0** = **50** + **10**
− 26 = − **20** + **6** = − **20** + **6**
30 + **4** = **34**

b) 53 = **50** + **3** = **40** + **13**
− 35 = − **30** + **5** = − **30** + **5**
10 + **8** = **18**

c) 325 = 300 + 20 + 5 = 200 + 120 + 5
− 143 = − 100 + 40 + 3 = − 100 + 40 + 3
100 + 80 + 2 = 182

d) 236 = 200 + 30 + 6 = 100 + 130 + 6
− 43 = − 000 + 40 + 3 = − 000 + 40 + 3
000 + 90 + 3 = 93

PAGES 92 ET 93 Les suites

1. vrai
2. a) (la règle est : – 4) 99 95 91 **87** **83** 79 **75** **71** **67** **63**
   b) (la règle est : + 2, – 1) 10 12 11 13 12 14 13 **15** **14** **16** **15**
3. a) 77 79 81 83 85 87 89 91 93 95
   b) 50 47 44 41 38 35 32 29
   c) 5 10 15 20 25 30 35
   d) 19 22 21 24 23 26 25 28 27
4. a) **Colorier en bleu les salles :** 25, 30, 35, 40, 45, 50, 55, 60.
   b) **Colorier en rouge les salles :** 9, 12, 15, 18, 21, 24, 27, 30, 33, 36.
   c) + 2

PAGE 94 La multiplication

1.

	Additions	Multiplications
Groupements par **2** 	2 + 2 + 2 = 6	3 x 2 = 6
Groupements par **2** 	**2 + 2 + 2 + 2 = 8**	**4 x 2 = 8**
Groupements par **3** 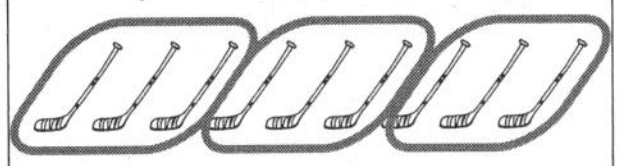	**3 + 3 + 3 = 9**	**3 x 3 = 9**
Groupements par **4** 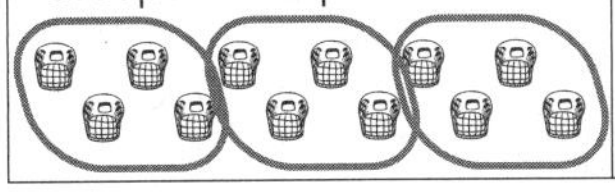	**4 + 4 + 4 = 12**	**3 x 4 = 12**

2. 4 + 4 = **8**   4 + 4 + 4 = **12**   4 + 4 + 4 + 4 = **16**
   2 x 4 = **8**   **3** x 4 = 12   **4** x 4 = 16

   5 + 5 = **10**   5 + **5** + 5 = 15   5 + 5 + 5 + 5 = **20**
   2 x **5** = 10   3 x **5** = 15   4 x **5** = 20

PAGE 95 La division

1. a) Dessiner 4 balles pour chaque jongleur. 12 ÷ 3 = **4**
   b) Dessiner 3 balles pour chaque jongleur. 12 ÷ 4 = **3**
   c) Dessiner 3 balles pour chaque jongleur. 9 ÷ 3 = **3**

PAGES 96 À 100 Problèmes

1. a) Colorier 5 chandelles en bleu et 3 en jaune. **b)** 5 **c)** 3
2. a) 53 – 42 = 11 ans **b)** 11 – 6 = 5 ans
3. 53 + 17 = 70 ans
4. 10 parts = 1 dizaine; il y a 6 animaux; 6 dizaines = 60 parts
5. a) Dessiner 7 oiseaux. **b)** Dessiner 7 hérissons. **c)** Ajouter 1 pomme.
6. 35 – 16 = 19 suçons
7. 24 – 12 = 12 réglisses rouges
8. 29 + 32 = 61 biscuits
9. 2 + 2 + 2 + 2 = 8 morceaux ou 4 x 2 = 8 morceaux
10. **1er jour :** 20 **2e jour :** 20 + 10 = 30 **3e jour :** 30 + 10 = 40 **4e jour :** 40 + 10 = 50
11. | | | | | | | | | | | | | | | | | | | | | | | | | | | | | | | | | | | 3 fagots
12. 40 + 15 = 55   40 + 55 = 95 pièces

PAGE 101 Arrondir un nombre

1. 31, c'est environ **30** — 130, c'est environ **100**
25, c'est environ **30** — 160, c'est environ **200**
46, c'est environ **50** — 240, c'est environ **200**
94, c'est environ **90** — 280, c'est environ **300**

2. 21 **20** — 65 **70** — 34 **30** — 56 **60** — 18 **20**
177 **180** — 119 **120** — 133 **130** — 145 **150** — 182 **180**

3. 103 **100** — 105 **100** — 142 **100** — 125 **100** — 161 **200**
526 **500** — 751 **800** — 483 **500** — 834 **800** — 672 **700**

4. 20 : 15, 16, 17, 18, 19, 21, 22, 23, 24
60 : 55, 56, 57, 58, 59, 61, 62, 63, 64
90 : 85, 86, 87, 88, 89, 91, 92, 93, 94

PAGES 102 ET 103 Les fractions

1. a) Entourer : $\frac{1}{2}$ $\frac{1}{3}$ $\frac{1}{4}$
b) Entourer : $\frac{1}{2}$ $\frac{1}{3}$ $\frac{1}{4}$
c) Entourer : $\frac{3}{4}$ $\frac{2}{3}$ $\frac{4}{8}$
d) Entourer : $\frac{1}{5}$ $\frac{2}{6}$ $\frac{7}{10}$

2.

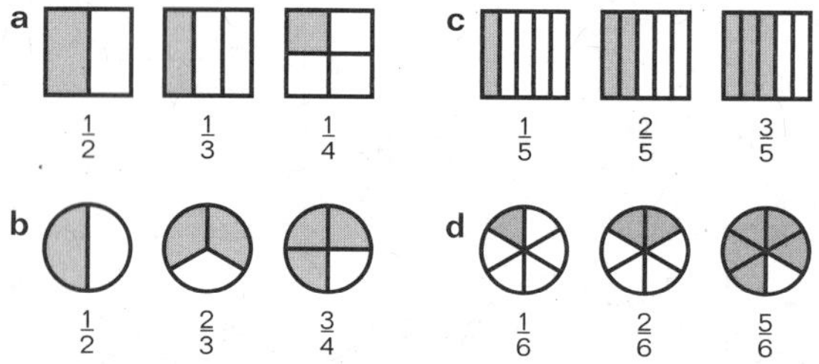

Statistique et probabilité

PAGE 104 La statistique

1. a) 30 b) 40 c) 50 d) 70 e) 20 f) chocolat g) chips h) 20

PAGE 105 La probabilité

1. Médaillon de saumon • — • Tarte Tatin
Bœuf bourguignon • — • Mousse au chocolat
Tortelloni au pesto • — • Sorbet au citron
Poulet aux olives •

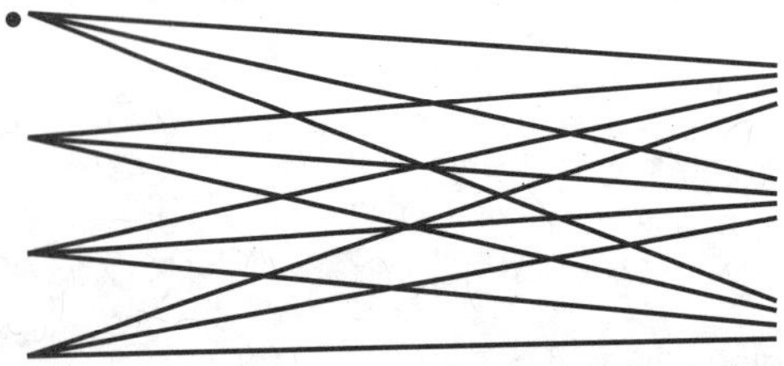

Tableau

	Tarte Tatin	Mousse au chocolat	Sorbet au citron
Médaillon de saumon	✗	✗	✗
Bœuf bourguignon	✗	✗	✗
Tortelloni au pesto	✗	✗	✗
Poulet aux olives	✗	✗	✗

Combien y a-t-il de combinaisons différentes ? **12**

Écris l'opération qui permet de calculer le nombre de combinaisons différentes : **4 x 3**

PAGES 106 ET 107 Le grand jeu

1. 3 **2.** 16 **4.** 3 **5.** 6 **6.** 90 **7.** plus petit que **8.** plus grand que **9.** 10 **11.** 10 **12.** 9 **13.** 5
14. + 3 **16.** 98, 89, 76 **17.** 30 **18.** 3 années **19.** 2 **20.** un prisme à base carrée **21.** 8 **22.** a et b

Géométrie

PAGES 108 À 110 Les figures planes

1. a) cercle 

   b) triangle 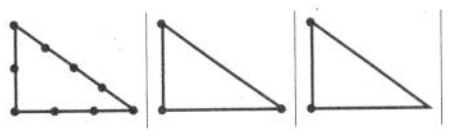

   c) rectangle 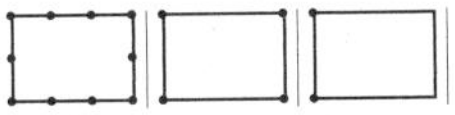

   d) triangle 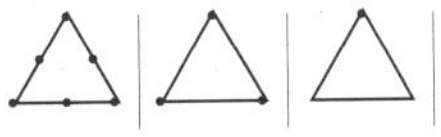

2. 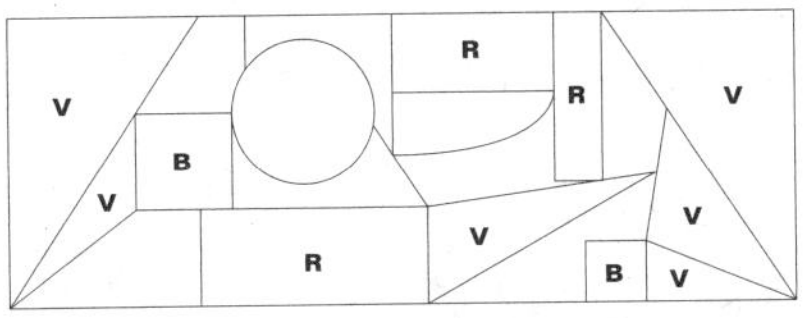

3. **cercles :** 26 (le soleil, les pommes, la bouée, le coeur des fleurs)
triangles : 8 (les sapins, les fleurs) **carrés :** 6 (les lampes, la bouée)
rectangles : 4 (le plongeoir, la piscine, les serviettes de bain)

4. 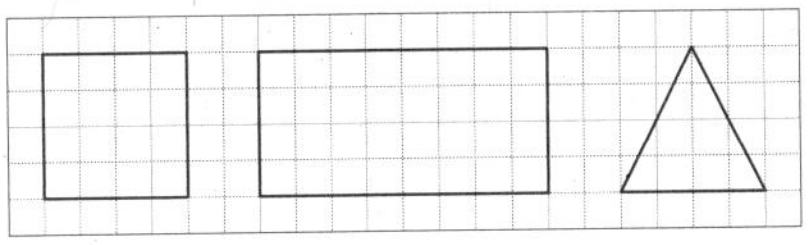

5. A : 3 B : 10 C : 5 D : 4 E : 3 F : 4 G : 4 H : 8 I : 7 J : 4
   a) A et E b) D et G c) F et J

6. a) un triangle b) un carré c) un rectangle

PAGES 111 À 116 Les solides

1.  sphère 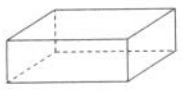 prisme à base rectangulaire 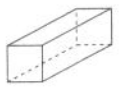 prisme à base carrée
    cube  pyramide à base carrée  cylindre

2.

Solides	1	2	3	4	5
Empreintes	D	C	E	B	A

3. a) 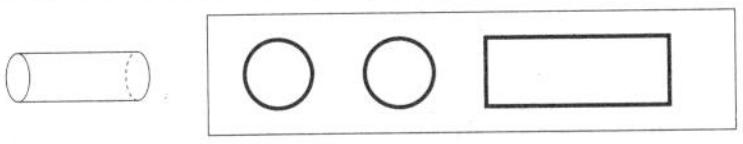

   b) 

   c) 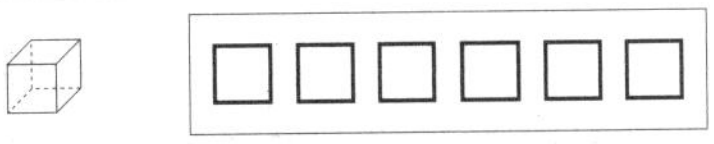

   d) 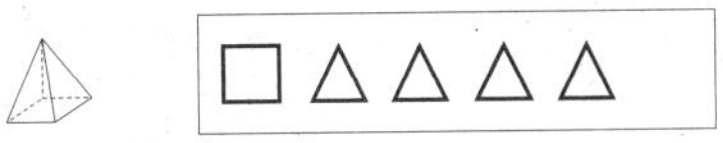

4.

	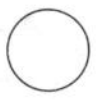		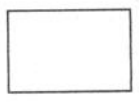	
	2	0	1	0
	0	0	6	0
	0	0	3	2
	0	6	0	0

5. a) 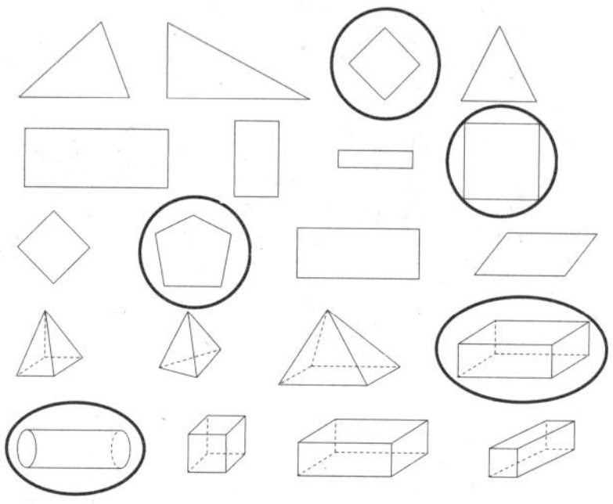 (un losange parmi des triangles)
b) (un carré parmi des rectangles)
c) (une figure à 5 côtés parmi des figures à 4 côtés)
d) (un prisme parmi des pyramides)
e) (un cylindre parmi des prismes)

6. Entourer **b**.

7. 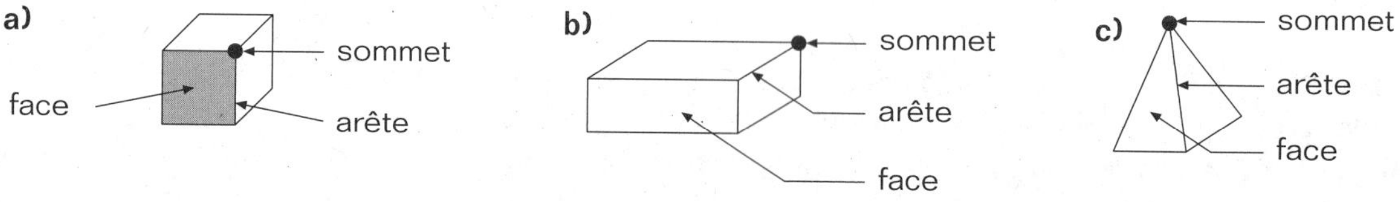

8.

Solides	Faces	Arêtes	Sommets
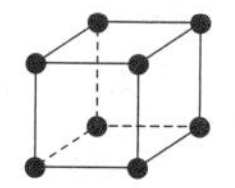	**6**	**12**	**8**
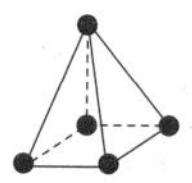	**5**	**8**	**5**
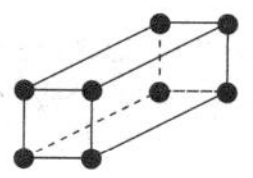	**6**	**12**	**8**
	**2**	**1**	**1**
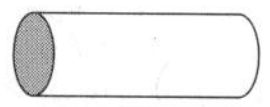	**3**	**2**	**0**

9. a) A b) B c) C d) D
10. Relier 1 et C, 2 et A, 3 et D, 4 et B.
11. a) Entourer la poubelle.
b) Entourer le cube du bébé.
c) Entourer la glacière.
d) Entourer la mangeoire à oiseau.
e) Entourer le frisbee.
f) Entourer le panneau « Arrêt ».
g) Entourer le panneau sur lequel il y a deux enfants.

PAGES 117 À 121 Les régions et les frontières

1. a) faux b) vrai c) vrai d) vrai

2. 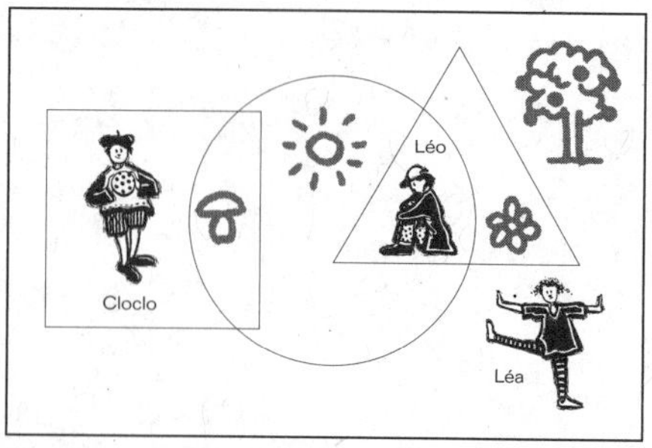

3.

Bleu	Rouge

4. a) 5 b) 5 c) 8 d) 3 e) 2 f) 10

5. a) Exemples de réponse : 
b) Exemples de réponse : 
c) Exemples de réponse : 

6.

	ligne ouverte	ligne fermée	ligne courbe	ligne brisée
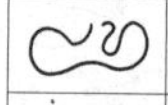	x		x	
		x	x	
		x		x
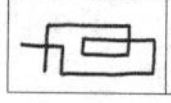	x			x

7. a) 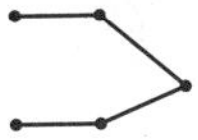 b) 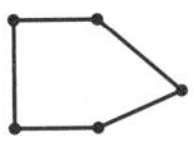 c)  d) 

8. 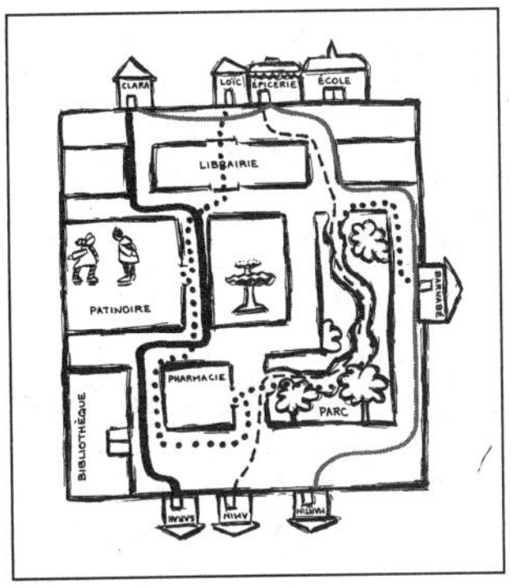

9. 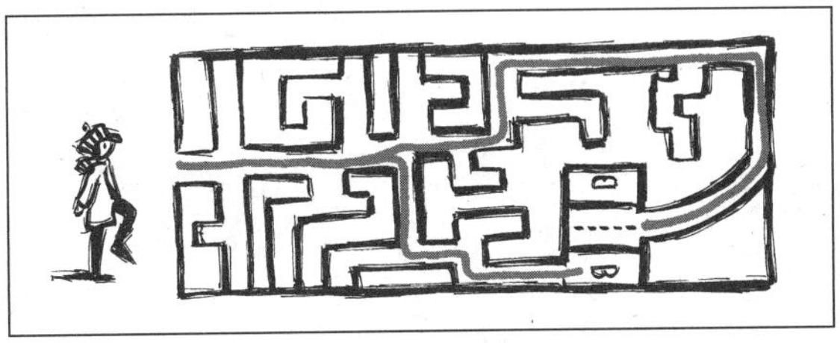

Mesure

PAGES 122 ET 123 Comparer et estimer des longueurs

1. Colorier de la même couleur **b** et **e**.
Colorier de la même couleur **d** et **g**.
Colorier de la même couleur **c** et **f**.

2. d b e h a c g f

3. a) 
b) 
c) 

4. De la maison en paille : 10 m De la maison en brique : 9 m De la maison en bois : 8 m

5. **a)** 10 m **b)** 10 m **c)** 1 m **d)** 4 m **e)** 1 m **f)** 1m

PAGES 124 À 128 Le mètre et le décimètre

1. **a)** < **b)** > **c)** < **d)** < **e)** >

2. **a)** dm **b)** m **c)** m **d)** m **e)** m **f)** dm **g)** m **h)** m

3. **a)** a d f g i j **b)** a d f g i j **c)** a b c d e f g i j

4. 2 m = **20** dm 4 m = **40** dm 6 m = **60** dm 30 dm = **3** m 20 dm = **2** m 70 dm = **7** m
1 m et 5 dm = **15** dm 2 m et 3 dm = **23** dm 16 dm = **1** m et **6** dm

5. 4 dm < 1 m 9 dm < 1 m 7 dm < 7 m 60 dm = 6 m 11 dm > 1 m 15 dm < 2 m

6. C D A E B F

7. oui (5 m + 2 m + 5 m + 2 m = 14 m)

8. **Salon** : 14 (4 m + 3 m + 4 m + 3 m = 14 m) **Chambre** : 10 (3 m + 2 m + 3 m + 2 m = 10 m)
Cuisine : 12 (3 m + 3 m + 3 m + 3 m = 12 m)

9. **a >** 1 dm **b >** 1 dm **c <** 1 dm **d =** 1 dm

PAGES 129 ET 130 Le temps

1. **a)** 8 h ou 20 h
b) 6 h 15 ou 18 h 15
c) 8 h 30 ou 20 h 30
d) 10 h 45 ou 22 h 45
e) 12 h ou 24 h

2. a) 
7 h 00

b) 
19 h 00

c) 
9 h 00

d) 
21 h 00

e) 
12 h 10

f) 
12 h 30

La maison

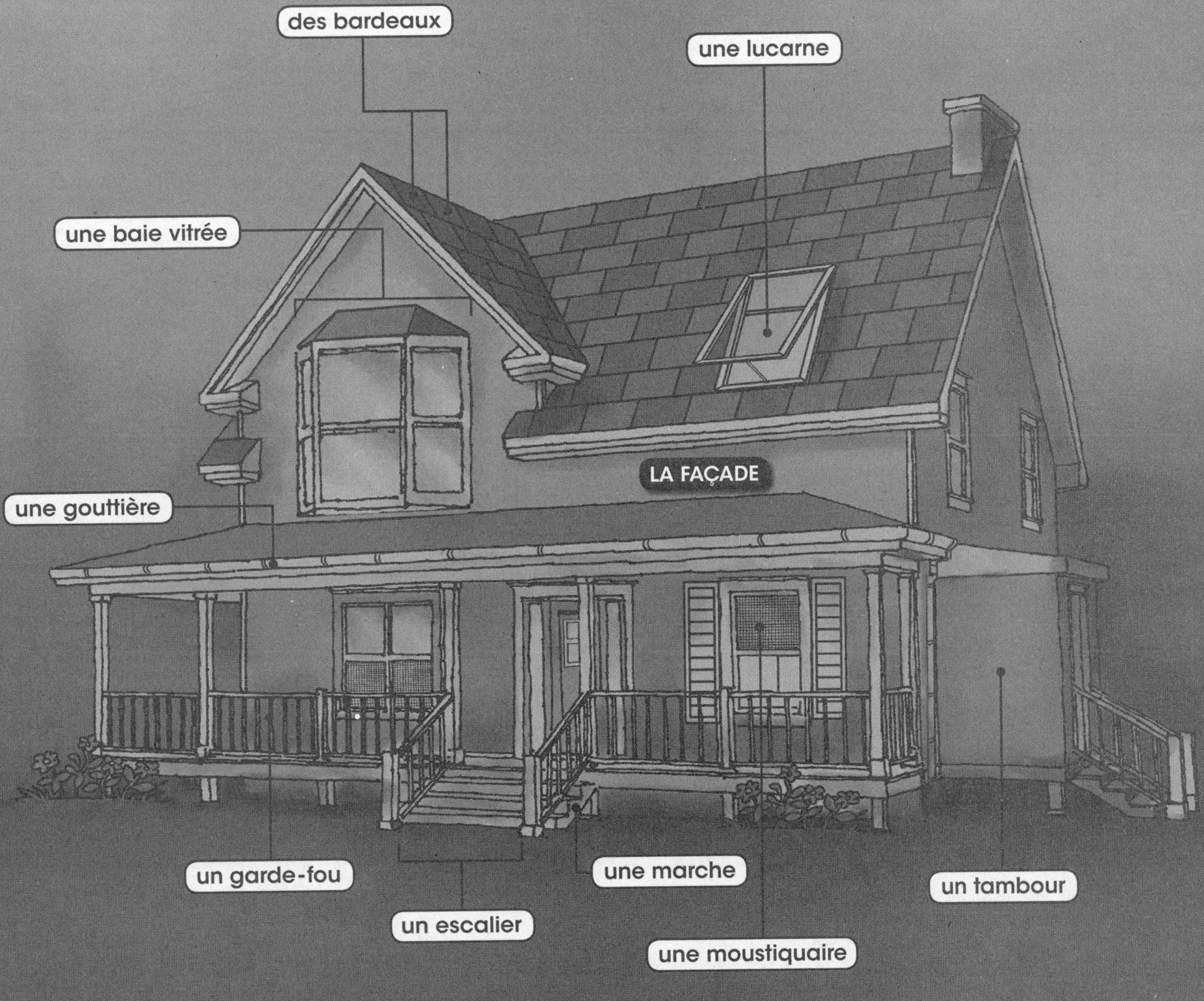
des bardeaux
une lucarne
une baie vitrée
LA FAÇADE
une gouttière
un garde-fou
une marche
un tambour
un escalier
une moustiquaire

Comment utiliser ce cahier de vocabulaire thématique

Il faut commencer par observer attentivement l'illustration qui ouvre le chapitre, car tous les mots à trouver dans les exercices y sont identifiés. Par ailleurs, on pourra toujours revenir sur cette illustration si besoin est.

Notez que ce cahier n'est pas destiné à tester les connaissances de l'enfant, mais à lui faire acquérir du vocabulaire. Ainsi, il peut consulter le corrigé à tout moment, que ce soit pour vérifier une réponse ou pour la découvrir.

La banque de mots (page 192) répertorie tous les mots étudiés dans le cahier. Les chiffres indiqués renvoient aux pages où le mot est illustré, défini ou employé dans un texte.

Sommaire

1 La maison vue de l'extérieur

1 **Complète les mots dans les étiquettes. Aide-toi des mots de la liste.**

une vitre un volet une cheminée une galerie

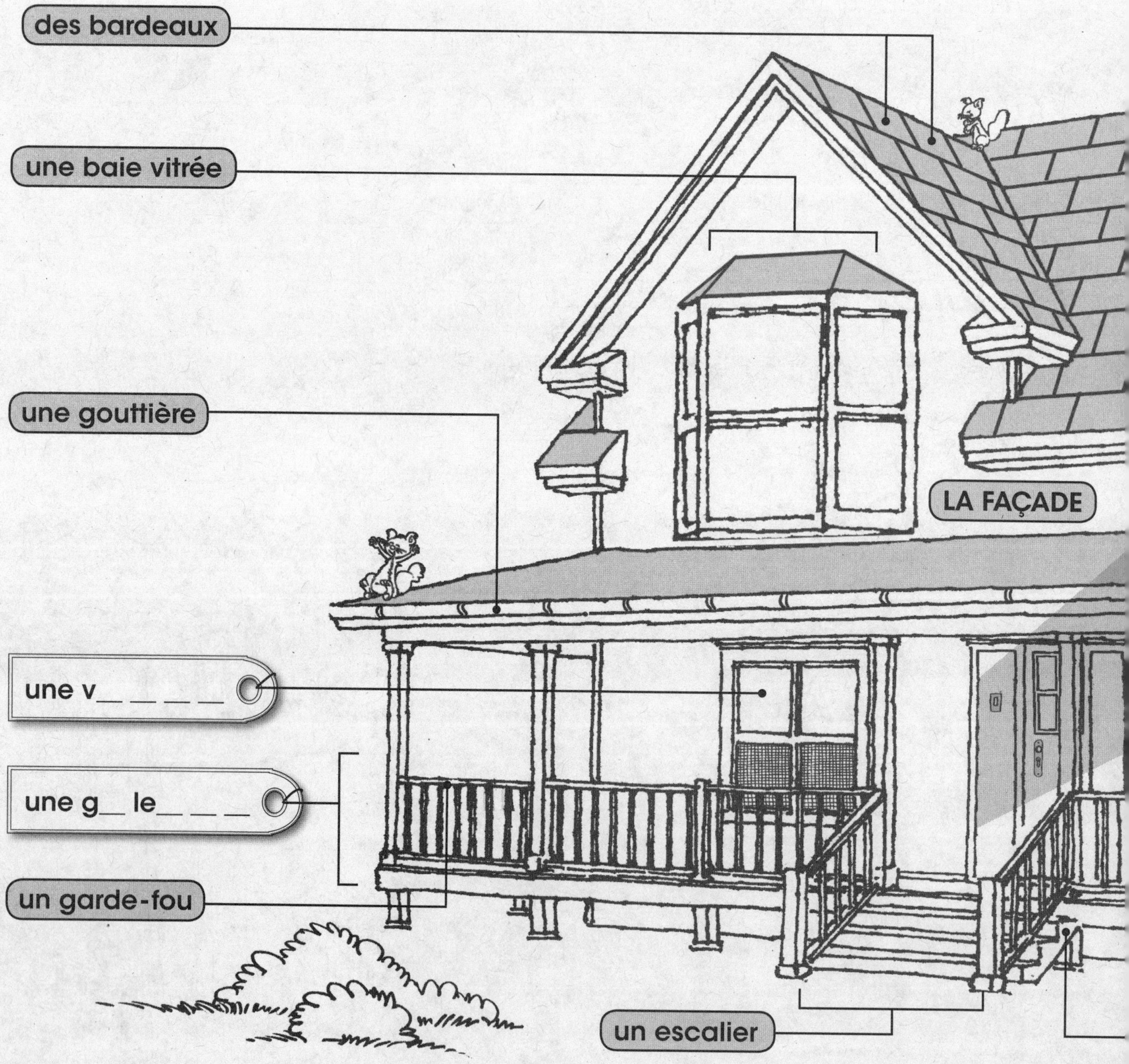

une c _ _ m _ _ _ e
une sonnette
une poignée
une serrure
une porte
LE TOIT
une lucarne
une fenêtre
une moustiquaire
un tambour
une rampe
un v_ l _ _
une marche
un soupirail

2 Comment s'appelle :

a) la fenêtre d'une cave? Un ____________________

b) la fenêtre d'un grenier? Une ____________________

c) une très grande fenêtre? Une ____________________

d) le devant d'une maison? La ____________________

e) le tuyau par lequel s'écoule l'eau de pluie? Une ____________________

f) les petites planches utilisées pour recouvrir un toit? Des ____________________

3 Devinettes

a) On peut l'ouvrir ou la fermer à clé. (5 lettres)

Une ____________________

b) On peut le monter ou le descendre. (8 lettres)

Un ____________________

c) On y pose le pied pour monter ou pour descendre. (6 lettres)

Une ____________________

d) On peut se tenir après ou glisser dessus. (5 lettres)

Une ____________________

e) Parfois plat, parfois en pente. (4 lettres)

Un ____________________

4 **Démêle les fils pour trouver à quoi sert chaque objet illustré. Ensuite écris le mot qui lui correspond.**

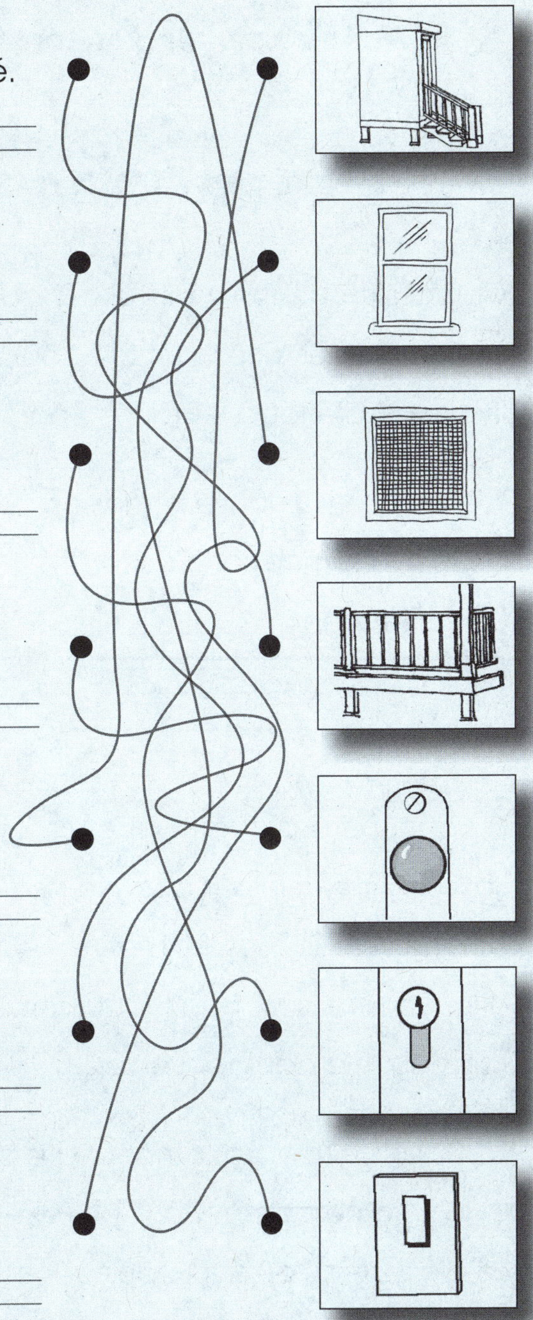

Elle permet de fermer une porte à l'aide d'une clé.

Il empêche le froid de pénétrer dans la maison.

Elle permet aux visiteurs d'annoncer leur arrivée.

Elle permet d'ouvrir ou de fermer une porte.

Elle empêche les moustiques d'entrer.

Elle permet à la lumière d'entrer dans la maison.

Il empêche de tomber.

–

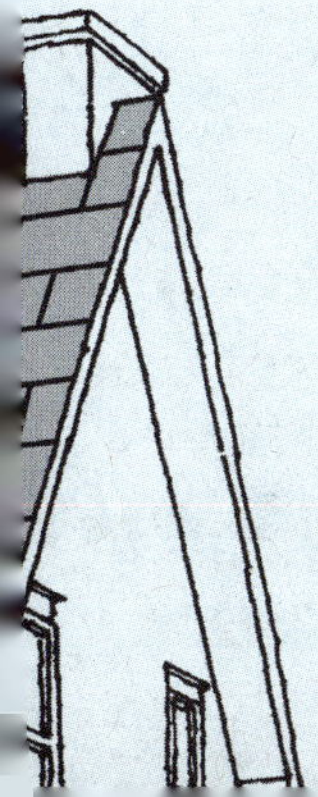

5 **Lis le texte. Ajoute les mots de la liste à l'endroit qui convient.**

serrure	bardeaux	galerie	garde-fou	cheminée

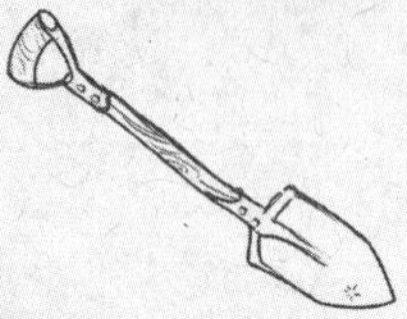

Conrad fait des plans

Conrad le cochon veut déménager, car dans sa maison, il manque des marches à l'escalier, les vitres font un drôle de bruit quand le vent souffle. Pour tout vous dire, il a peur que tout s'écroule. Conrad a décidé de se construire une nouvelle maison.

«Je bâtirai ma nouvelle maison sur une petite colline, dit-il, pour que l'on puisse voir de loin la fumée sortir de la ____________________ .
Le toit sera en ____________________ verts, parce que c'est plus joli.
La ____________________ sera peinte en jaune. Des pots de fleurs seront accrochés au ____________________ - ____________________ .

À chacune des quatre fenêtres, il y aura des volets peints en rouge.
Je les fermerai le soir pour ne pas entendre Colin, le coq du voisin, qui me réveille tous les matins. Je mettrai une moustiquaire à la lucarne pour que les écureuils ne viennent pas faire leur nid dans le grenier.

Enfin, j'installerai un tambour gris pour que la neige et le froid ne puissent pas pénétrer dans la maison.
La clé restera toujours dans la ____________________ pour que Odette la mouffette puisse entrer quand elle veut.
Ah oui, il n'y aura pas de sonnette, je déteste les sonnettes.»

6 La nouvelle maison de Conrad n'est pas tout à fait terminée. Ajoute ce qui manque et colorie-la selon la description de Conrad.

2 La maison vue de l'intérieur

1 **Complète les mots dans les étiquettes. Aide-toi des mots de la liste.**

une prise de courant | une salle de bain | une cave
un grenier | une cuisine

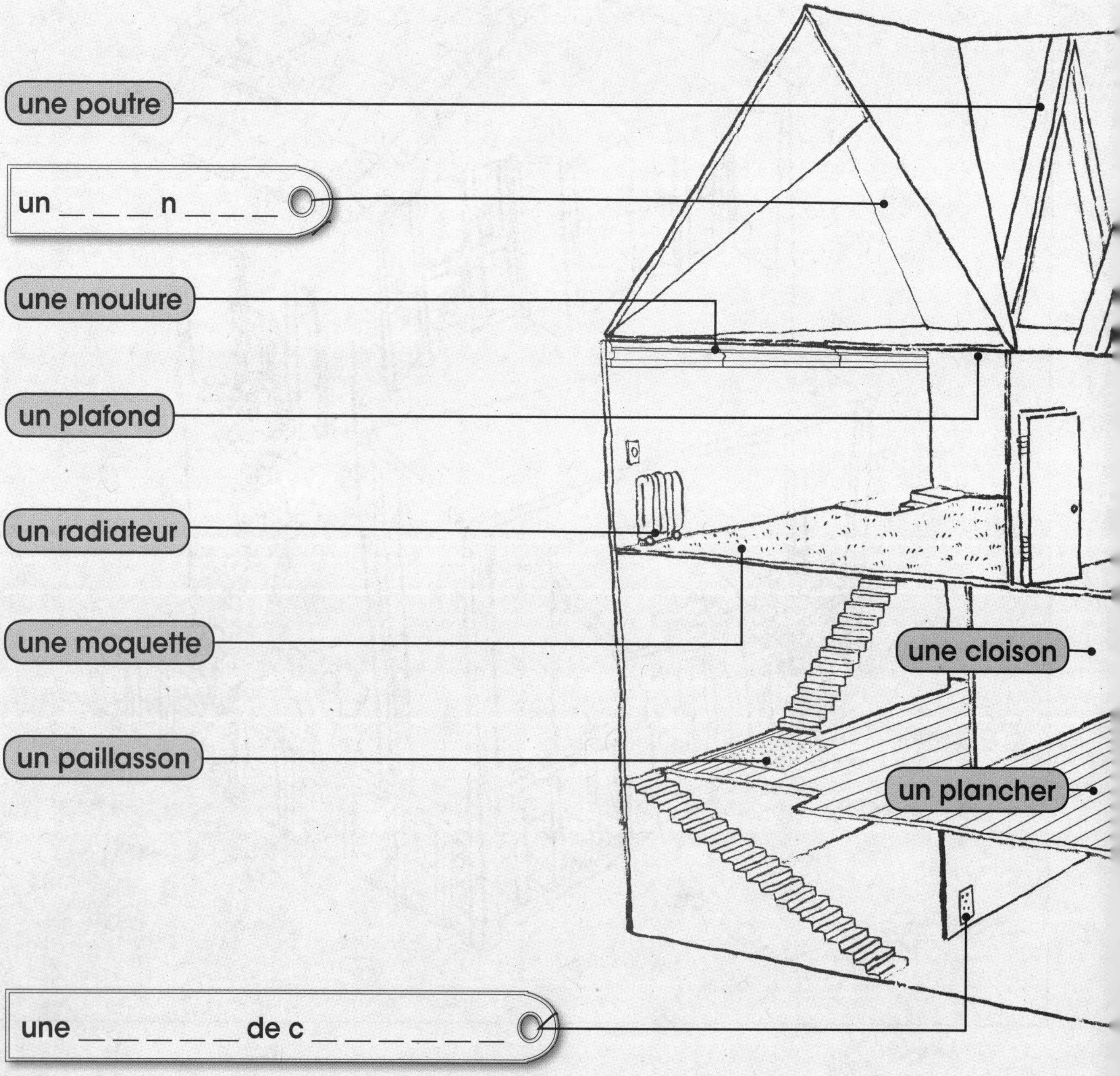

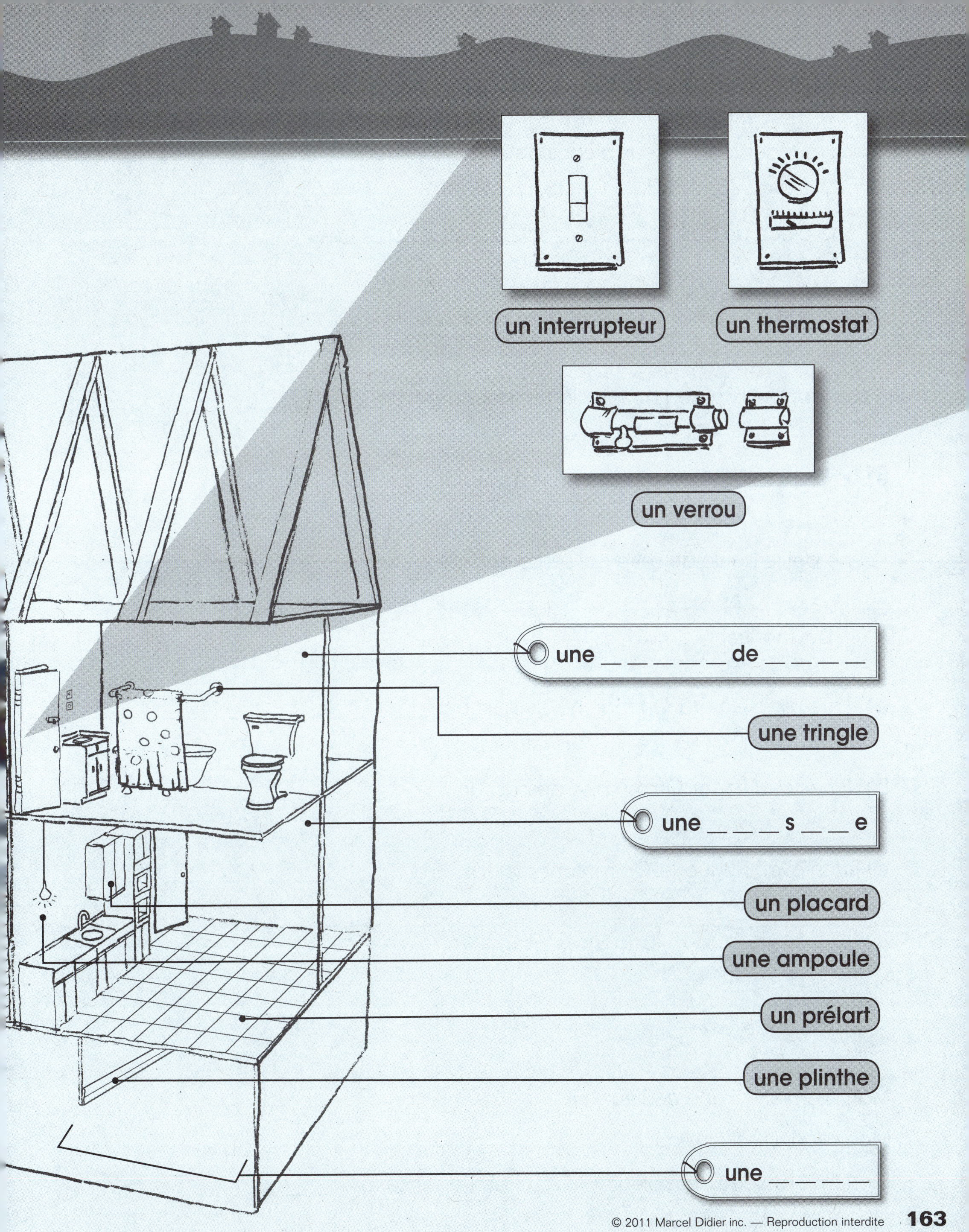
un interrupteur
un thermostat
un verrou
une _ _ _ _ _ de _ _ _ _
une tringle
une _ _ _ _ s _ _ e
un placard
une ampoule
un prélart
une plinthe
une _ _ _ _ _

2 Comment s'appelle :

a) un mur qui sépare deux pièces de la maison ? Une ______________________

b) une pièce de bois qui soutient une construction ? Une ______________________

c) une tige à laquelle on suspend des rideaux ? Une ______________________

d) un appareil qui sert à régler la température ? Un ______________________

e) un appareil qui sert à allumer ou à éteindre la lumière ? Un ______________________

f) une petite boule de verre qui sert à éclairer ? Une ______________________

3 Devinettes

a) Rime avec Gérard. On marche dessus. Un ______________________

b) Rime avec Roger. On marche dessus. Un ______________________

c) Rime avec Huguette. On marche dessus. Une ______________________

d) Rime avec Gaston. On marche dessus. Un ______________________

4 Charade

Mon premier est une couleur.

Mon second est une couleur.

Mon tout protège des voleurs. Réponse : un _ _ _ _ _ _

5 Qui va décorer :

les plinthes ? ______________________________

les moulures ? ______________________________

les radiateurs ? ______________________________

le plafond ? ______________________________

le placard ? ______________________________

6 **Lis le texte. Ajoute les mots de la liste à l'endroit qui convient, puis, à la page suivante, coche les bonnes réponses.**

cave	plancher	grenier	moquette	cuisine

La fiesta des écureuils

Conrad vient de terminer la construction de sa nouvelle maison. Il décide de s'offrir quelques jours de vacances. «Une mare de boue, loin de tout, me ferait du bien» se dit-il. Et le voilà parti.

Conrad n'a pas tourné le coin de la rue, que déjà tous les écureuils du voisinage sont sur le toit. Ils ne tardent pas à trouver une petite ouverture près de la lucarne pour pénétrer dans la maison. Pendant des jours, c'est la grande fiesta. Les écureuils font les fous et saccagent tout. Ils décollent la ______________________, rongent le paillasson, brisent les ampoules, arrachent les plinthes, décrochent les tringles… Un soir, ils font même un feu sur le ______________________ de la ______________________ pour faire griller des noisettes.

Odette la moufette, alertée par l'odeur de la fumée, court chez son voisin. Lorsqu'elle ouvre la porte et qu'elle voit tous les dégâts, elle entre dans une colère noire : «Espèces de petits vauriens, qui vous a permis d'entrer ici ? Sortez tous ! Déguerpissez avant que je vous arr...»
Mais Odette n'a pas le temps de terminer sa phrase : sa queue se soulève, un puissant jet éteint le feu et arrose les écureuils paniqués qui s'enfuient de la maison en poussant des cris perçants.

«Pauvre Conrad qui arrive bientôt, se dit Odette, il ne faut pas qu'il voit ça!» Alors, jusqu'à l'aube, elle répare, nettoie, range et lave à grande eau, puis aère la maison de la ____________________ au ____________________.

Quelques jours plus tard, Conrad, plein de boue et bien reposé, est de retour. Quand il entre dans sa nouvelle maison, il ne remarque rien de particulier, si ce n'est une vague odeur qui le fait sourire, car elle lui rappelle... sa voisine.

a) Dans quelle pièce les écureuils sont-ils arrivés quand ils ont pénétré dans la maison?

- ☐ Dans l'entrée
- ☐ Dans le grenier
- ☐ Dans la cuisine
- ☐ Dans la cave

b) Qu'est-ce que les écureuils ont rongé?

- ☐ Une pièce de bois
- ☐ Un appareil de chauffage
- ☐ Un tapis où l'on s'essuie les pieds
- ☐ Une armoire

c) Qu'est-ce que les écureuils ont arraché?

- ☐ Les ornements du plafond
- ☐ Les planches qui cachent les fils électriques
- ☐ Les tiges auxquelles on suspend des rideaux
- ☐ Les boules de verre qui servent à éclairer

d) Qu'est-ce que les écureuils ont décroché?

- ☐ Les ornements du plafond
- ☐ Les planches qui cachent les fils électriques
- ☐ Les tiges auxquelles on suspend des rideaux
- ☐ Les boules de verre qui servent à éclairer

3 La salle de bain et la chambre

1 **Complète les mots dans les étiquettes. Aide-toi des mots de la liste.**

un lavabo
une cuvette
un porte-serviette
un siège
un porte-savon
un porte-rouleau
une couverture
un rideau
un matelas

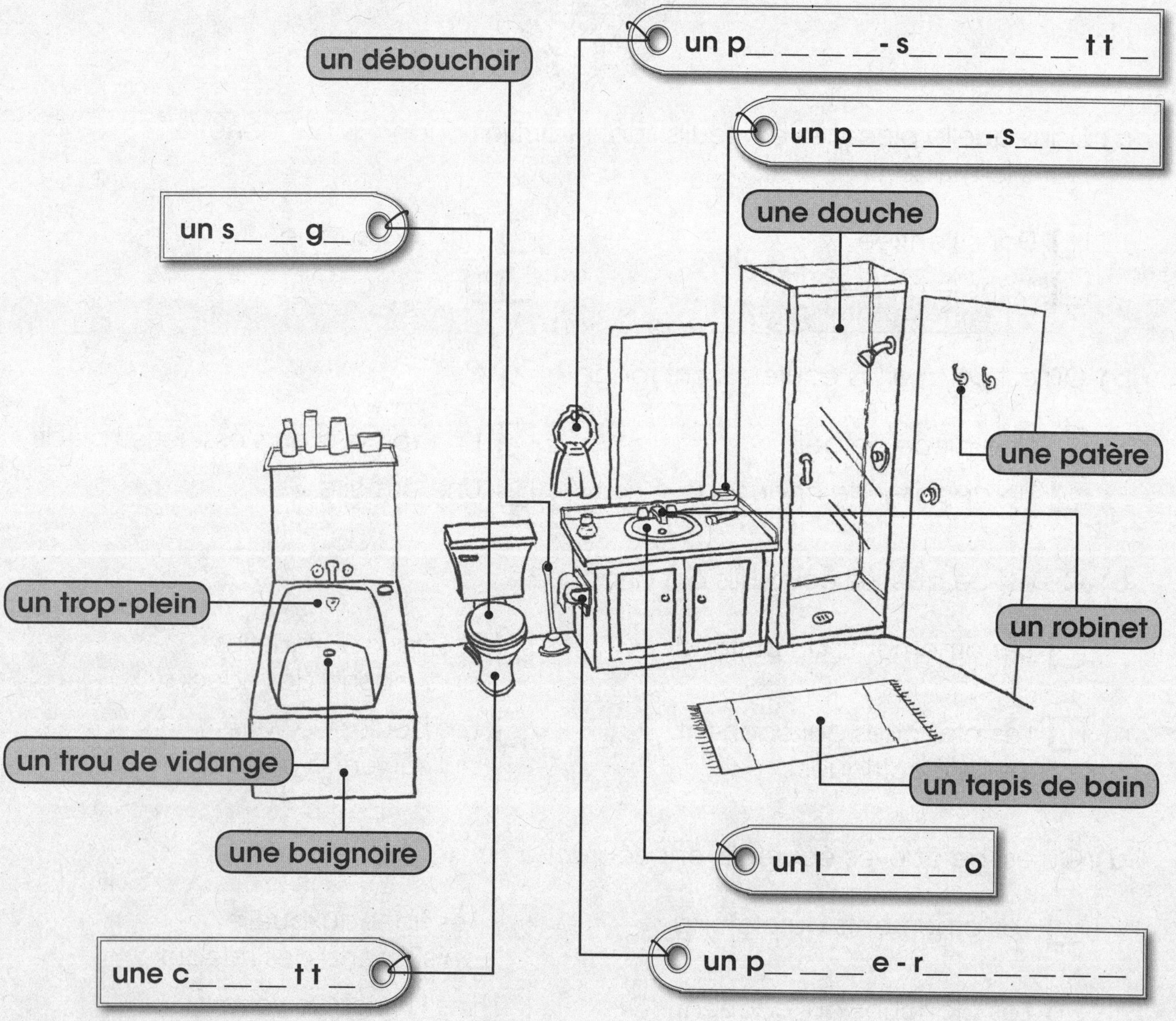

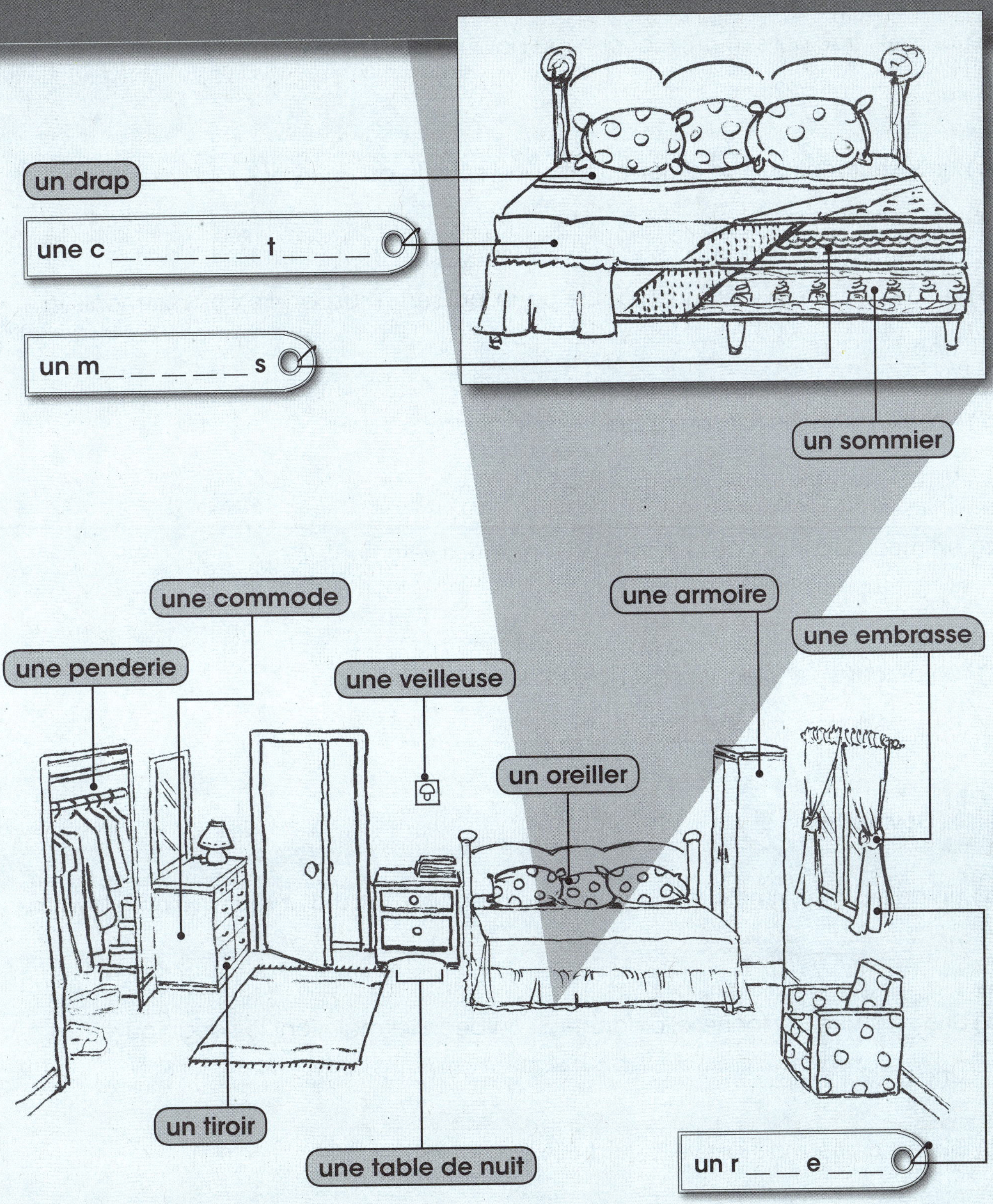
un drap
une c _ _ _ _ _ _ t _ _ _ _
un m_ _ _ _ _ _ s
un sommier
une commode
une armoire
une embrasse
une penderie
une veilleuse
un oreiller
un tiroir
une table de nuit
un r _ _ e _ _

2 Comment s'appelle :

a) un petit trou qui sert à évacuer l'eau pour ne pas qu'elle déborde ?

Un ________________ - ________________

b) un instrument qui sert à déboucher une cuvette ou un évier ?

Un ________________________________

c) un crochet fixé à un mur ou à une porte, qui sert à suspendre des vêtements ?

Une ________________________________

d) un coussin sur lequel on appuie la tête quand on dort ?

Un ________________________________

e) un meuble à tiroirs dans lequel on range des vêtements ?

Une ________________________________

f) un placard dans lequel on suspend des vêtements ?

Une ________________________________

3 Devinettes

a) Un de ses mots rime avec Solange. Il fait évacuer l'eau d'un bain ou d'un lavabo.

Un ________________ ____ ________________

b) Si c'était une personne, elle donnerait un bec. Elle maintient le rideau ouvert.

Une ________________________________

c) Elle est petite, mais elle veille tard. Elle éclaire faiblement.

Une ________________________________

4 Qu'est-ce que c'est?

Indice : un insecte sur la partie du lit qui soutient le matelas.

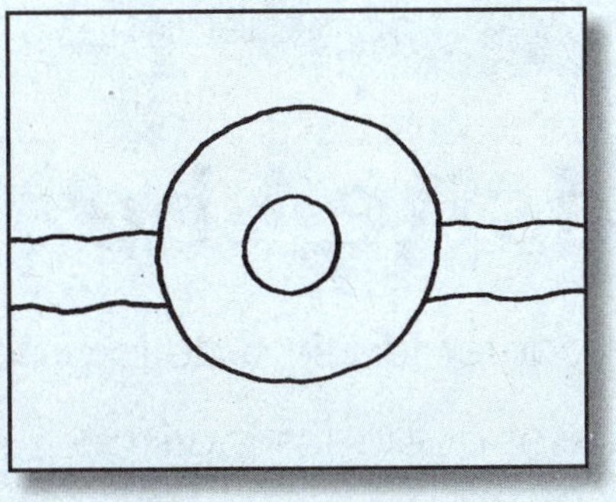

Indice : quelqu'un couché entre deux pièces de tissus placées entre le matelas et les couvertures.

Indice : un insecte sur un grand meuble de rangement fermé par des portes.

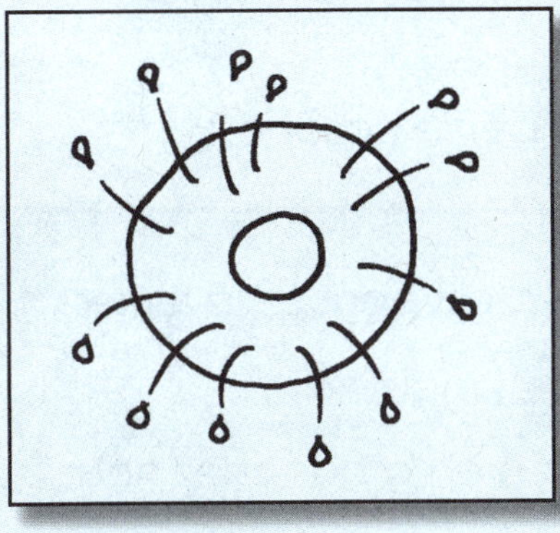

Indice : quelqu'un qui se lave sous un jet l'eau dans un endroit fermé.

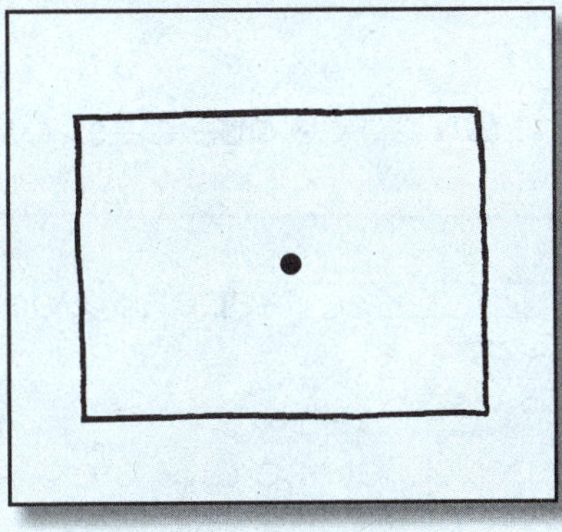

Indice : un insecte sur un petit meuble placé à côté d'un lit.

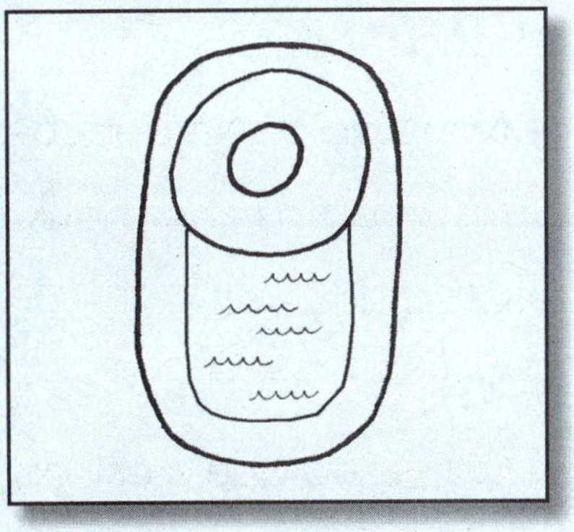

Indice : quelqu'un qui se lave dans une grande cuve.

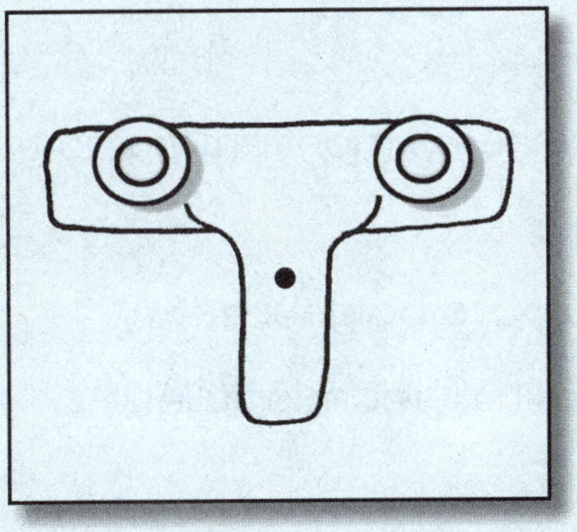

Indice : un insecte sur un appareil qui permet de faire couler l'eau ou de l'arrêter.

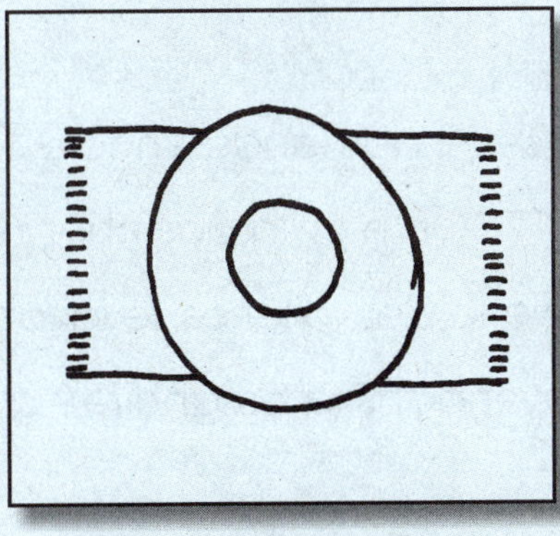

Indice : quelqu'un debout sur un tapis de salle de bain.

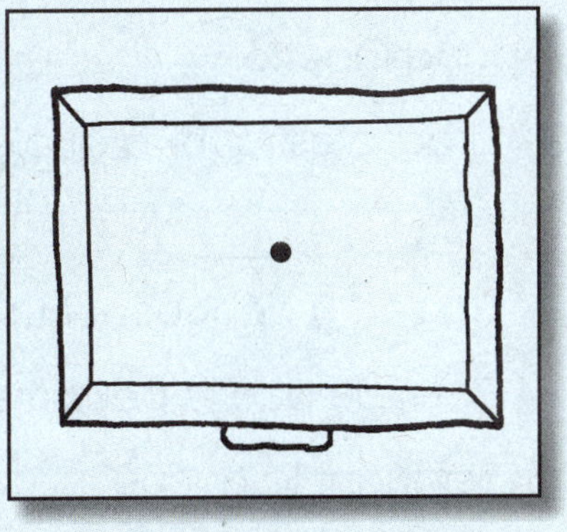

Indice : un insecte dans une partie de meuble en forme de boîte que l'on tire pour ouvrir.

5 **Lis le texte. Ajoute les mots de la liste à l'endroit qui convient.**

porte-savon — lavabo — porte-serviette — débouchoir — baignoire

De la visite chez Odette

Odette la mouffette est toute contente. Elle a de la grande visite. Sa nièce Juliette vient pour la première fois passer quelques jours chez elle. Quand Juliette visite la maison et qu'elle arrive dans la salle de bain, elle s'exclame :

« Oh ! Qu'est-ce que c'est, cette grande bassine ? On n'en a pas chez nous.

— C'est une ______________________________ , c'est pour prendre un bain, répond Odette.

— Nous, on a une douche. Oh ! Qu'est-ce que c'est, cette petite bassine ? On n'en a pas chez nous.

— C'est un ______________________________ , répond Odette, c'est pour se laver les mains.

— Qu'est-ce que c'est, ça ? Et ça, qu'est-ce que c'est ? On n'en a pas chez nous, reprend Juliette.

— C'est un ________________ - ________________ , c'est là qu'on pose le savon. Et ça, c'est un ________________ - ________________ c'est là qu'on pose les serviettes, répond Odette.

— Et ça, c'est quoi, à quoi ça sert ? demande encore Juliette en montrant du doigt le ______________________________ . On n'en a pas chez nous.

— Ça sert à déboucher la cuvette des toilettes, le lavabo ou la baignoire.

— Et est-ce que je peux me laver dans la baignoire ? a enfin demandé Juliette en remuant la queue.

— Bien sûr, ma petite mouffette dorée. »

Et depuis deux heures, Odette écoute sa nièce chanter à tue-tête dans la salle de bain.

6 **Lis le texte. Ajoute les mots de la liste à l'endroit qui convient.**

table de nuit   rideaux   draps   penderie   matelas   oreiller   veilleuse

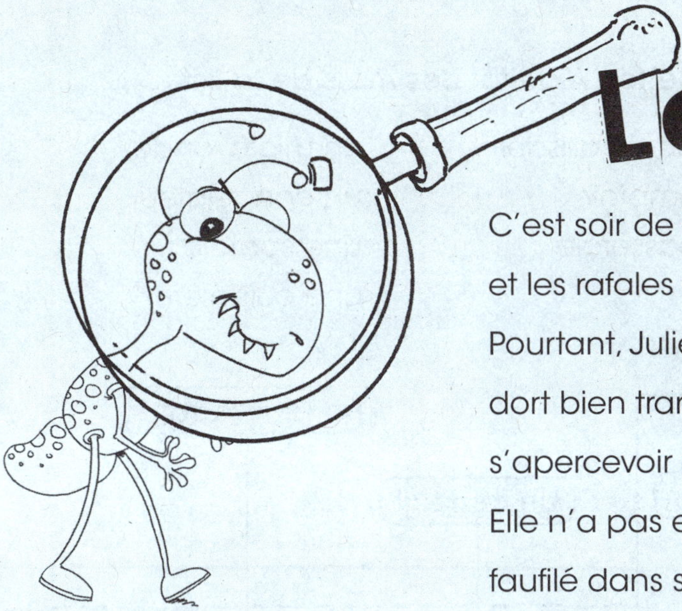

Le monstre

C'est soir de tempête, les bourrasques de neige et les rafales de vent font trembler la maison. Pourtant, Juliette, la nièce d'Odette la mouffette, dort bien tranquillement dans son lit douillet, sans s'apercevoir du vacarme qui règne dehors. Elle n'a pas entendu le visiteur nocturne qui s'est faufilé dans sa chambre... Pelotonnée sous les ____________________, Juliette ronfle doucement. La ____________________ éclaire faiblement la pièce, faisant jaillir des ombres des coins sombres. Sur la ____________________ est posée sa poupée préférée, qui, prise d'une secousse subite, s'effondre sur le tapis. Juliette se retourne en soupirant, et son ____________________ grince sous son poids. La porte de la ____________________ est restée ouverte. Quelqu'un – ou quelque chose – y est caché, attendant son heure pour en sortir... Le monstre trottine dans la chambre, et grimpe sur le lit. Au même instant, la violence du vent fait tomber la tringle à ____________________. Juliette dort toujours. Le monstre se faufile sous les couvertures. Est-il assoiffé de sang ? Juliette va-t-elle finir dévorée ? Il monte, monte jusqu'à la tête de Juliette, posée sur son ____________________. Il hésite, puis effleure le museau de la petite mouffette qui se réveille soudain en sursaut. Apercevant le monstre horrible, elle s'écrie : « Au secours, une fourmi ! »

4 Le salon et la cuisine

1 Complète les mots dans les étiquettes. Aide-toi des mots de la liste.

une table basse	un porte-poussière	un micro-ondes
un store	un comptoir	un congélateur
une bibliothèque	une casserole	une spatule
		une cuisinière

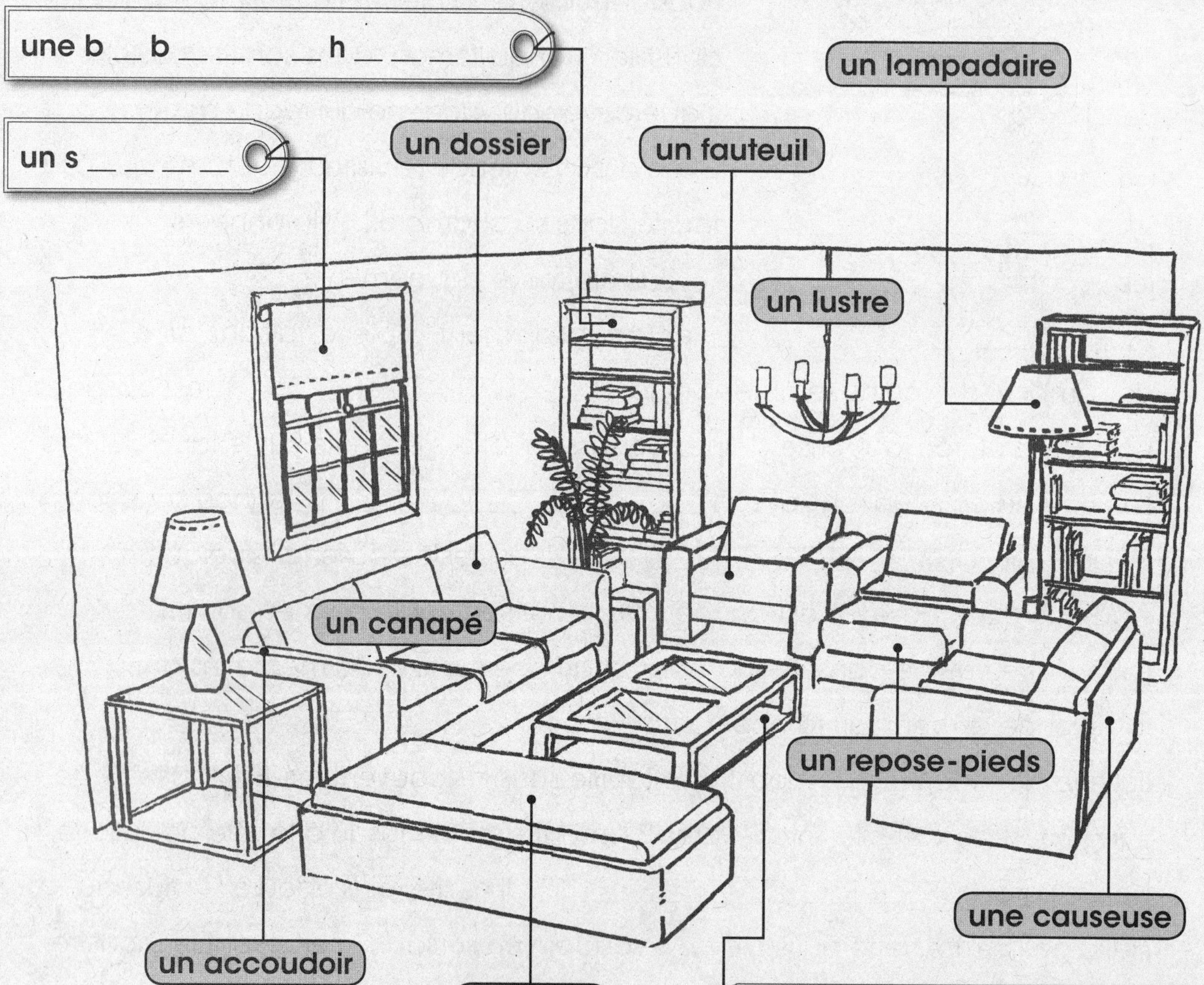

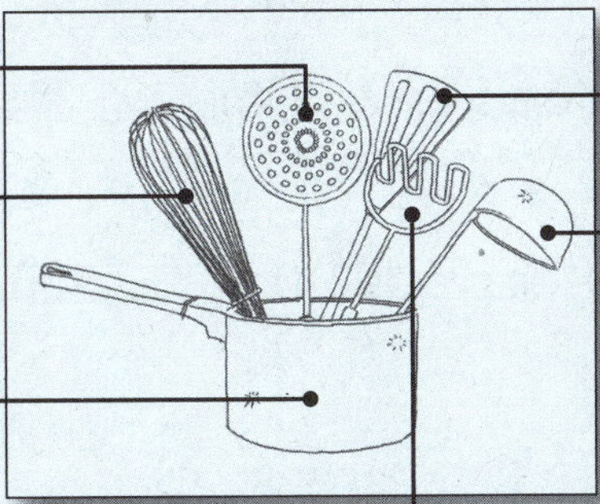
une écumoire
un fouet
une c _ _ _ _ _ _ _ _ _ e
une s _ _ _ t _ _ _ _
une louche
un pilon

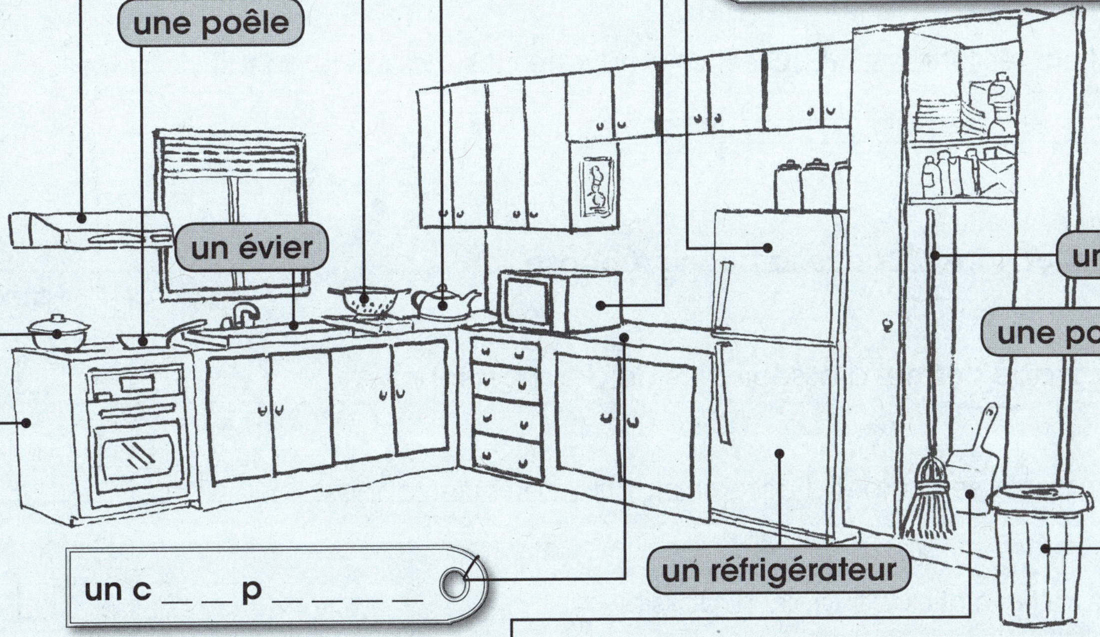
une marmite
une hotte
une poêle
une passoire
une bouilloire
un évier
un m _ _ _ o - o _ _ _ _ s
un c _ _ _ g _ _ _ _ _ _ _ _ r
un balai
une poubelle
un réfrigérateur
un c _ _ _ p _ _ _ _ _
une _ _ i _ _ _ _ _ _ _ _ _ _
un p _ _ _ _ e - p _ _ _ _ _ _ _ _ _ e

2 Comment s'appelle :

a) le bras d'un meuble où l'on s'assoit ? Un ______________________

b) le dos d'un meuble où l'on s'assoit ? Un ______________________

c) un meuble où l'on pose les pieds ? Un ______________ - ______________

3 Devinettes

a) Contient les lettres SELUTR. Suspendu au plafond, il éclaire grâce à plusieurs lampes.

Un ______________________

b) Contient les lettres ALADIRAMPE. Haut sur pied, il éclaire partout.

Un ______________________

c) Contient les lettres VÉRIE. C'est une cuvette dans laquelle on fait la vaisselle.

Un ______________________

4 Vrai ou faux ? Coche la bonne réponse.

	Vrai	Faux
a) Un canapé permet d'asseoir plus de deux personnes.	☐	☐
b) Une causeuse permet d'asseoir plus de deux personnes.	☐	☐
c) Un divan n'a ni accoudoirs ni dossier.	☐	☐
d) Un fauteuil n'a ni accoudoirs ni dossier.	☐	☐

5 **Encercle dans le tableau les noms des objets décrits ci-dessous. Attention! Les mots peuvent se lire horizontalement ou verticalement. Avec les lettres qui restent, tu trouveras un mot mystère qui donne froid.**

↳	P	A	S	S	O	I	R	E	R
B	O	U	I	L	L	O	I	R	E
A	U	É	P	O	Ê	L	E	F	R
L	B	É	C	U	M	O	I	R	E
A	E	I	G	C	P	I	L	O	N
I	L	É	R	H	F	O	U	E	T
A	L	T	E	E	H	O	T	T	E
U	E	M	A	R	M	I	T	E	R

- On y jette les déchets.
- On y fait bouillir de l'eau.
- Elle sert à égoutter les aliments.
- Elle a des anses et un couvercle, on y fait cuire les aliments.
- Elle a un long manche, on y fait frire ou sauter les aliments.
- Ronde, aplatie et percée de trous, elle sert à écumer un bouillon.
- Elle sert à servir la soupe.
- Il sert à piler les aliments.
- Elle fait évacuer la fumée et les odeurs de cuisson.
- Il sert à battre les aliments liquides.
- Il sert à balayer le plancher.

Mot mystère : ______________________________

6 **Lis le texte, puis écris un des mots de la liste au-dessus de chaque description soulignée.**

causeuse	poubelle	fauteuil	lustre

De la visite chez Conrad

Maurice le sanglier rend visite à son cousin Conrad une ou deux fois par année. Il est très gentil, mais il a un vocabulaire assez limité. Un soir, Maurice cogne chez Conrad, qui est en train de finir de souper.

«Bonjour cousin, je t'ai apporté des glands de chez nous, dit-il, dès que Conrad ouvre la porte. Excuse-moi pour le plat, mais j'avais seulement cette chose dans laquelle on jette les déchets.

— Ah! Maurice! Quelle belle surprise! dit Conrad. Merci, merci pour les glands! Entre, tu prendras bien un peu de dessert avec moi?»

En entrant, Maurice jette un coup d'œil au plafond et s'exclame: «C'est bien beau ce truc attaché en l'air avec plein de petites lumières allumées!

— Installe-toi au salon, reprend Conrad, je vais chercher le dessert.

Maurice regarde autour de lui avec de grands yeux. Il ne sait pas où s'asseoir.

— Je vais essayer ce siège pour une personne où on peut appuyer le dos et les bras, se dit-il. Et puis, non. Je vais plutôt m'installer sur cette chaise à deux places, on sera mieux pour causer. Oh! Ça a l'air bon!» dit-il lorsque Conrad revient et pose deux assiettes sur la table basse. Et les deux cousins, qui ne se sont pas vus depuis de longs mois, bavardent toute la nuit en mangeant du dessert et des glands.

7 **Lis la recette à haute voix, en nommant les objets illustrés.**

Bouchées à la noix de coco

Si tu veux faire cette recette, demande à un adulte de t'aider.

Ingrédients pour 12 bouchées

1 tasse de noix de coco râpée
1 tasse de sucre en poudre
1 œuf
1 cuillère à thé de beurre

Pour le glaçage :

150 g de chocolat noir
50 g de beurre

Préparation

- Fais chauffer le four de la  à 180 °C (350 °F).
- Casse l'œuf au-dessus d'un grand bol. N'oublie pas de jeter la coquille dans la .
- Ajoute le sucre en poudre.
- Bats la préparation avec un  jusqu'à ce qu'elle devienne jaune pâle.
- Ajoute la noix de coco et mélange bien.
- Beurre une plaque à biscuits et dispose des petits tas de pâte tous les 3 cm.
- Fais cuire au four pendant 15 minutes.
- Laisse refroidir, puis décolle délicatement chaque bouchée avec une .

Glaçage

- Casse le chocolat en morceaux dans une petite .
- Ajoute le beurre.
- Fais fondre le tout à feu doux, en brassant avec une cuillère en bois.
- Lorsque le mélange est bien lisse, le glaçage est prêt.
- Trempe chaque bouchée dans le glaçage et dispose-les sur une assiette.
- Laisse refroidir.

Quand tu as terminé, nettoie le comptoir et passe le .

5 La cave

1 **Complète les mots dans les étiquettes. Aide-toi des mots de la liste.**

un balai à feuilles　　un pousse-neige　　une souffleuse

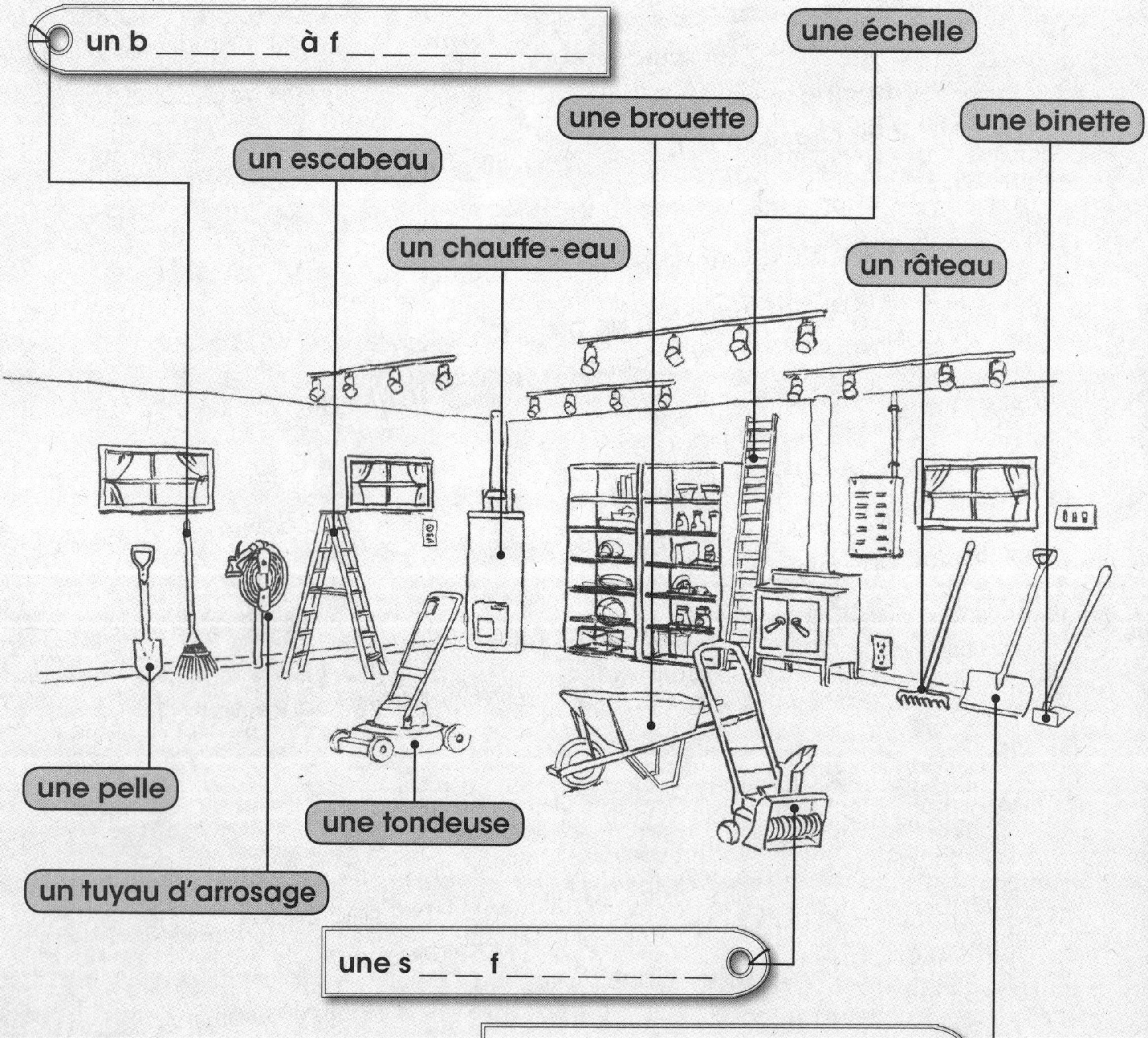

2 Comment s'appelle :

a) un petit escalier portatif ? Un ____________________

b) un appareil qui produit de l'eau chaude ? Un ______________ - ______________

c) un outil muni d'une lame au bout d'un manche avec lequel on creuse des trous ?

Une ____________________

3 Devinettes

a) Rime avec Ginette. Elle sert à remuer la terre.

Une ____________________

b) 6 lettres. Il sert à ratisser la terre.

Un ____________________

c) Contient les lettres TENSOUDE. Elle sert à tondre le gazon.

Une ____________________

4 Qu'est-ce que c'est ?

a) Elle a une roue, deux bras, une caisse.

Une ____________________

b) Elle a deux montants et des barreaux.

Une ____________________

c) Il ressemble à un long serpent qui crache de l'eau.

Un ____________________

5 **Lis le texte. Ajoute les mots de la liste à l'endroit qui convient.**

binette	tuyau d'arrosage	balai à feuilles	tondeuse
brouette	pelle	pousse-neige	souffleuse

Jardinage chez Conrad

Conrad a demandé à ses neuf frères de venir l'aider à aménager le jardin de sa nouvelle maison. Arrivés très tôt, ils se sont précipités dans la cave.

Lucien et Gontran en ressortent avec une ____________________ et un râteau. Ils se dirigent vers la clôture. Lucien creusera des trous pour planter des pommiers et Gontran ratissera la terre autour des jeunes arbres.

Ils sont suivis d'Émile qui tire sur le ____________________ et arrose partout.

Omer a sorti la ____________________. Il est en train de transporter des roches au fond du jardin, mais pourquoi? Personne ne le sait.

Gaspard est déjà dans le potager. Seul dans son coin, il remue la terre avec une ____________________. Arthur sort la ____________________ pour tondre le gazon et Alphonse, son frère jumeau, a déjà son ____________________ à la main pour ramasser l'herbe coupée.

Conrad ne fait rien parce qu'il a un rhume des foins.

Bernard et Bruno, les deux plus jeunes de la famille, sortent les derniers de la cave. Bernard porte sur l'épaule le ____________________ - ____________________ et Bruno tire derrière lui la ____________________.
Conrad les regarde et leur crie: «Hola! les nigauds! Vous vous êtes trompés de saison.»
Les sept autres cochons se tordent de rire. La journée commence bien.

6 **Qui est qui? Écris le nom de chacun des frères de Conrad en tenant compte des indices contenus dans le texte de la page précédente.**

QUELQUES EXPRESSIONS POUR ÉPATER LA GALERIE

Relie chaque expression à sa signification.
Aide-toi des indices.

- Pendre la crémaillère.
- Les murs ont des oreilles.
- Sortir de ses gonds.
- Débarrasser le plancher.
- Être dans de beaux draps.
- Avoir une araignée au plafond.
- Être assis entre deux chaises.

- On nous écoute peut-être sans qu'on le sache.
  Indice : Les clôtures ont des orteils.
- Se mettre en colère.
  Indice : Partir au Japon.
- Fêter son installation dans une nouvelle maison.
  Indice : Fendre la moustiquaire.
- Être un peu bizarre.
  Indice : Asseoir un chansonnier au salon.
- Hésiter entre deux possibilités.
  Indice : Viens ici, mets-toi à l'aise.
- Être expulsé d'un endroit.
  Indice : Débarbouiller le boucher.
- Vivre une situation difficile.
  Indice : Naître à l'opéra.

Corrigé

1 La maison vue de l'extérieur (pages 156 à 161)

1.

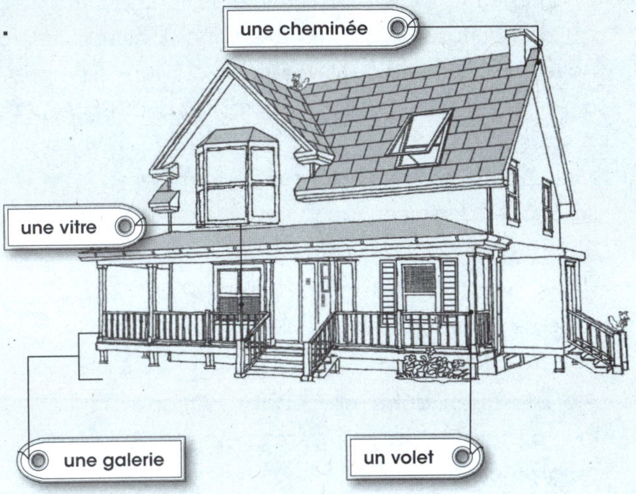

2. a) Un soupirail b) Une lucarne
c) Une baie vitrée d) La façade
e) Une gouttière f) Des bardeaux

3. a) Une porte b) Un escalier
c) Une marche d) Une rampe
e) Un toit

4. Elle permet de fermer une porte à l'aide d'une clef.
Une serrure

Il empêche le froid de pénétrer dans la maison.
Un tambour

Elle permet aux visiteurs d'annoncer leur arrivée.
Une sonnette

Elle permet d'ouvrir ou de fermer une porte.
Une poignée

Elle empêche les moustiques d'entrer.
Une moustiquaire

Elle permet à la lumière d'entrer dans la maison.
Une fenêtre

Il empêche de tomber.
Un garde-fou

5. Conrad fait des plans

Conrad le cochon veut déménager, car dans sa maison, il manque des marches à l'escalier, les vitres font un drôle de bruit quand le vent souffle. Pour tout vous dire, il a peur qu'elle s'écroule. Conrad a décidé de se construire une nouvelle maison.

«Je bâtirai ma nouvelle maison sur une petite colline, dit-il, pour que l'on puisse voir de loin la fumée sortir de la **cheminée**. Le toit sera en **bardeaux** verts, parce que c'est plus joli. La **galerie** sera peinte en jaune. Des pots de fleurs seront accrochés au **garde-fou**.

À chacune des quatre fenêtres, il y aura des volets peints en rouge. Je les fermerai le soir pour ne pas entendre Colin, le coq du voisin, qui me réveille tous les matins. Je mettrai une moustiquaire à la lucarne pour que les écureuils ne viennent pas faire leur nid dans le grenier.

Enfin, j'installerai un tambour gris pour que la neige et le froid ne puissent pas pénétrer dans la maison. La clé restera toujours dans la **serrure** pour que Odette la mouffette puisse entrer quand elle veut. Ah oui, il n'y aura pas de sonnette, je déteste les sonnettes.»

6. Pour terminer la maison de Conrad il faut :
- ajouter une cheminée sur le toit ;
- colorier les bardeaux en vert ;
- colorier la galerie en jaune ;
- ajouter une fenêtre avec des volets ;
- colorier tous les volets en rouge ;
- colorier le tambour en gris.

2 La maison vue de l'intérieur (pages 162 à 167)

1.

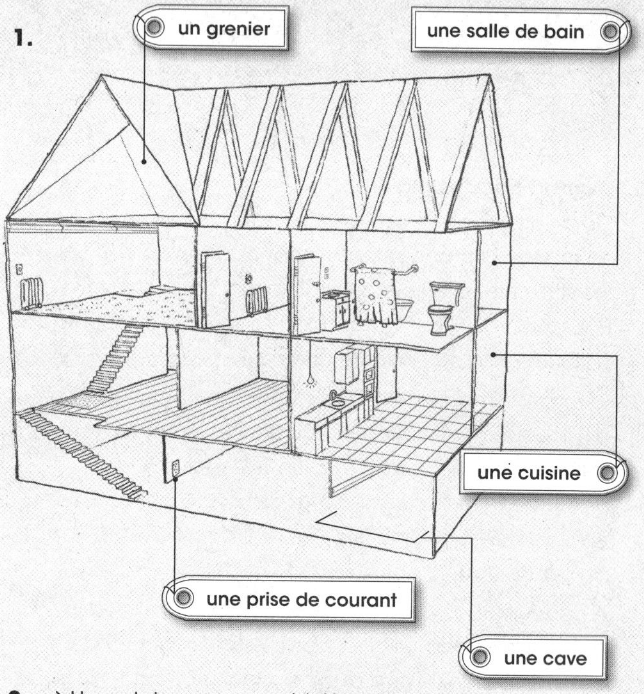

2. a) Une cloison b) Une poutre
   c) Une tringle d) Un thermostat
   e) Un interrupteur f) Une ampoule

3. a) Un prélart b) Un plancher
   c) Une moquette d) Un paillasson

4. Réponse : **un verrou** (*vert – roux*)

5.

les plinthes ?	**Jacinthe**
les moulures ?	**Bulgur**
les radiateurs ?	**Viateur**
le plafond ?	**Léon**
le placard ?	**Balthazar**

6. **La fiesta des écureuils**

Conrad vient de terminer la construction de sa nouvelle maison. Il décide de s'offrir quelques jours de vacances. « Une mare de boue, loin de tout, me ferait du bien » se dit-il. Et le voilà parti.

Conrad n'a pas tourné le coin de la rue, que déjà tous les écureuils du voisinage sont sur le toit. Ils ne tardent pas à trouver une petite ouverture près de la lucarne pour pénétrer dans la maison. Pendant des jours, c'est la grande fiesta. Les écureuils font les fous et saccagent tout. Ils décollent la **moquette**, rongent le paillasson, brisent les ampoules, arrachent les plinthes, décrochent les tringles… Un soir, ils font même un feu sur le **plancher** de la **cuisine** pour faire griller des noisettes.

Odette la moufette, alertée par l'odeur de la fumée, court chez son voisin. Lorsqu'elle ouvre la porte et qu'elle voit tous les dégâts, elle entre dans une colère noire : « Espèces de petits vauriens, qui vous a permis d'entrer ici ? Sortez tous ! Déguerpissez avant que je vous arr… »
Mais Odette n'a pas le temps de terminer sa phrase : sa queue se soulève, un puissant jet éteint le feu et arrose les écureuils paniqués qui s'enfuient de la maison en poussant des cris perçants.
« Pauvre Conrad qui arrive bientôt, se dit Odette, il ne faut pas qu'il voit ça ! »

Alors, jusqu'à l'aube, elle répare, nettoie, range et lave à grande eau, puis aère la maison de la **cave** au **grenier**.

Quelques jours plus tard, Conrad, plein de boue et bien reposé, est de retour. Quand il entre dans sa nouvelle maison, il ne remarque rien de particulier, si ce n'est une vague odeur qui le fait sourire, car elle lui rappelle… sa voisine.

a) Dans le grenier. (Ils ne tardent pas à trouver une petite ouverture près de la lucarne pour pénétrer dans la maison.)
b) Un tapis où l'on s'essuie les pieds. (…rongent le paillasson…)
c) Les planches qui cachent les fils électriques. (…arrachent les plinthes…)
d) Les tiges auxquelles on suspend des rideaux (…décrochent les tringles…)

La salle de bain et la chambre (pages 168 à 173)

1.

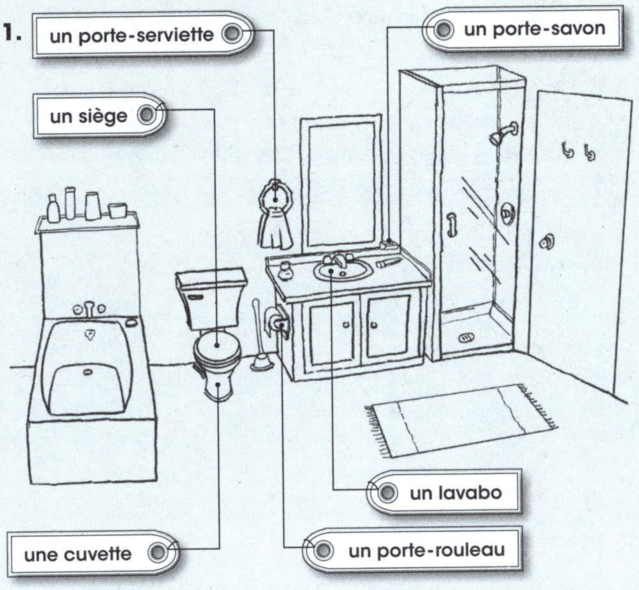

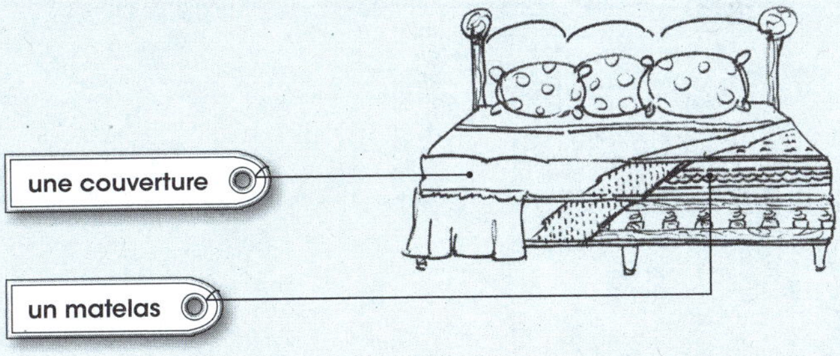

2. a) Un trop-plein b) Un débouchoir
c) Une patère d) Un oreiller
e) Une commode f) Une penderie

3. a) Un trou de vidange
b) Une embrasse
c) Une veilleuse

4. De gauche à droite et de haut en bas:

Une puce sur un sommier.
Un Mexicain entre des draps.
Une puce sur une armoire.
Un Mexicain dans une douche.
Une puce sur une table de nuit.
Un Mexicain dans une baignoire.
Une puce sur un robinet.
Un Mexicain sur un tapis de bain.
Une puce dans un tiroir d'une commode.

5. De la visite chez Odette

Odette la mouffette est toute contente. Elle a de la grande visite. Sa nièce Juliette vient pour la première fois passer quelques jours chez elle. Quand Juliette visite la maison et qu'elle arrive dans la salle de bain, elle s'exclame:

«Oh! Qu'est-ce que c'est, cette grande bassine? On n'en a pas chez nous.

– C'est une **baignoire**, c'est pour prendre un bain, répond Odette.

– Nous, on a une douche. Oh! Qu'est-ce que c'est, cette petite bassine? On n'en a pas chez nous.

– C'est un **lavabo**, répond Odette, c'est pour se laver les mains.

– Qu'est-ce que c'est, ça? Et ça, qu'est-ce que c'est? On n'en a pas chez nous, reprend Juliette.

– C'est un **porte-savon**, c'est là qu'on pose le savon. Et ça, c'est un **porte-serviette** c'est là qu'on pose les serviettes, répond Odette.

– Et ça, c'est quoi, à quoi ça sert? demande encore Juliette en montrant du doigt le **débouchoir**. On n'en n'a pas chez nous.

– Ça sert à déboucher la cuvette des toilettes, le lavabo ou la baignoire.

– Et est-ce que je peux me laver dans la baignoire? a enfin demandé Juliette en remuant la queue.

– Bien sûr, ma petite mouffette dorée.»

Et depuis deux heures, Odette écoute sa nièce chanter à tue-tête dans la salle de bain.

6. Le monstre

C'est soir de tempête, les bourrasques de neige et les rafales de vent font trembler la maison. Pourtant, Juliette, la nièce d'Odette la mouffette, dort bien tranquillement dans son lit douillet, sans s'apercevoir du vacarme qui règne dehors. Elle n'a pas entendu le visiteur nocturne qui s'est faufilé dans sa chambre… Pelotonnée sous les **draps**, Juliette ronfle doucement.

La **veilleuse** éclaire faiblement la pièce, faisant jaillir des ombres des coins sombres. Sur la **table de nuit** est posée sa poupée préférée, qui, prise d'une secousse subite, s'effondre sur le tapis. Juliette se retourne en soupirant, et son **matelas** grince sous son poids. La porte de la **penderie** est restée ouverte. Quelqu'un – ou quelque chose – y est caché, attendant son heure pour en sortir… Le monstre trottine dans la chambre, et grimpe sur le lit. Au même instant, la violence du vent fait tomber la tringle à **rideaux**. Juliette dort toujours. Le monstre se faufile sous les couvertures. Est-il assoiffé de sang? Juliette va-t-elle finir dévorée? Il monte, monte jusqu'à la tête de Juliette, posée sur son **oreiller**. Il hésite, puis effleure le museau de la petite mouffette qui se réveille soudain en sursaut. Apercevant le monstre horrible, elle s'écrie:

«Au secours, une fourmi!»

4 Le salon et la cuisine (pages 174 à 179)

1.

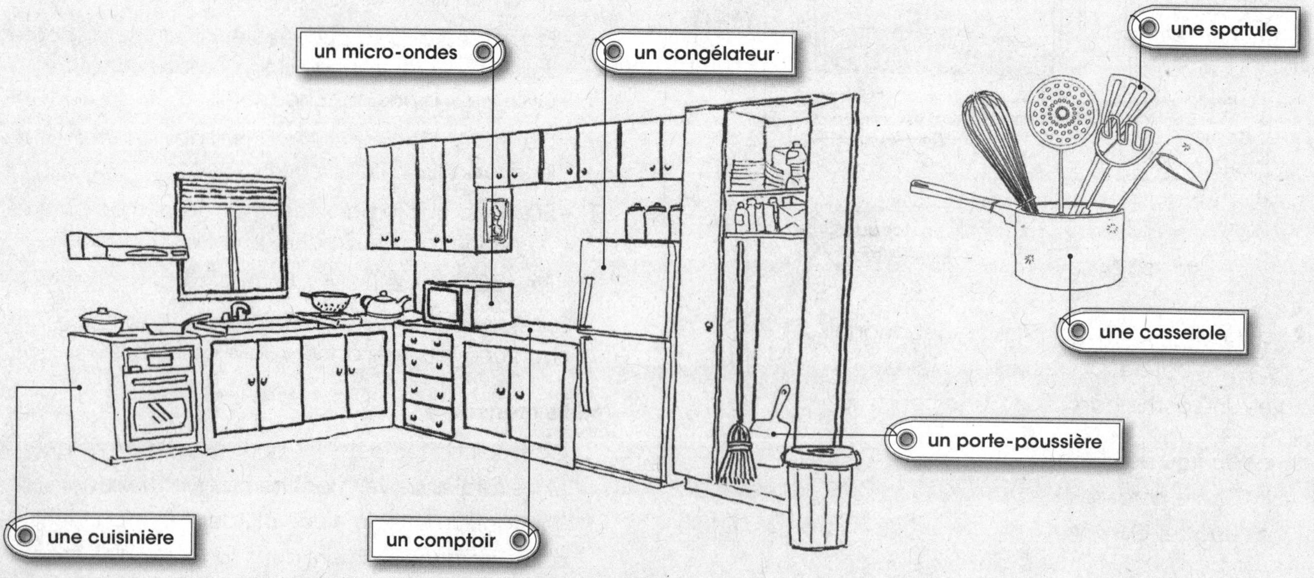

2. a) Un accoudoir b) Un dossier c) Un repose-pieds

3. a) Un lustre b) Un lampadaire c) Un évier

4. a) Vrai b) Faux c) Vrai d) Faux

5.

↴	P	A	S	S	O	I	R	E	**R**
B	O	U	I	L	L	O	I	R	E
A	U	**É**	P	O	Ê	L	E	**F**	**R**
L	B	É	C	U	M	O	I	R	E
A	E	**I**	**G**	C	P	I	L	O	N
I	L	**É**	**R**	H	F	O	U	E	T
A	L	**T**	**E**	E	H	O	T	T	E
U	E	M	A	R	M	I	T	E	**R**

- On y jette les déchets : POUBELLE
- On y fait bouillir de l'eau : BOUILLOIRE
- Elle sert à égoutter les aliments : PASSOIRE
- Elle a des anses et un couvercle, on y fait cuire les aliments : MARMITE
- Elle a un long manche, on y fait frire ou sauter les aliments : POÊLE
- Ronde, aplatie et percée de trous, elle sert à écumer un bouillon : ÉCUMOIRE
- Elle sert à servir la soupe : LOUCHE
- Il sert à piler les aliments : PILON
- Elle fait évacuer la fumée et les odeurs de cuisson : HOTTE
- Il sert à battre les aliments liquides : FOUET
- Il sert à balayer le plancher : BALAI

Mot mystère : **RÉFRIGÉRATEUR**

6. De la visite chez Conrad

Maurice le sanglier rend visite à son cousin Conrad une ou deux fois par année.

Il est très gentil, mais il a un vocabulaire assez limité. Un soir, Maurice cogne chez Conrad, qui est en train de finir de souper.

«Bonjour cousin, je t'ai apporté des glands de chez nous, dit-il, dès que Conrad ouvre la porte. Excuse-moi pour le plat, mais j'avais seulement cette

poubelle
chose dans laquelle on jette les déchets.

– Ah ! Maurice ! Quelle belle surprise ! dit Conrad. Merci, merci pour les glands ! Entre, tu prendras bien un peu de dessert avec moi ?»

En entrant, Maurice jette un coup d'œil au plafond et

lustre
s'exclame : «C'est bien beau ce truc attaché en l'air avec plein de petites lumières allumées !

– Installe-toi au salon, reprend Conrad, je vais chercher le dessert.

Maurice regarde autour de lui avec de grands yeux. Il ne sait pas où s'asseoir.

fauteuil
– Je vais essayer ce siège pour une personne où on peut appuyer le dos et les bras, se dit-il. Et puis, non.

causeuse
Je vais plutôt m'installer sur cette chaise à deux places, on sera mieux pour causer. Oh ! Ça a l'air bon !» dit-il lorsque Conrad revient et pose deux assiettes sur la table basse. Et les deux cousins, qui ne se sont pas vus depuis de longs mois, bavardent toute la nuit en mangeant du dessert et des glands.

7. Bouchées à la noix de coco

Préparation

- Fais chauffer le four de la **cuisinière** à 180 °C (350 °F).
- Casse l'œuf au-dessus d'un grand bol. N'oublie pas de jeter la coquille dans la **poubelle**.
- Ajoute le sucre en poudre.
- Bats la préparation avec un **fouet** jusqu'à ce qu'elle devienne jaune pâle.
- Ajoute la noix de coco et mélange bien.
- Beurre une plaque à biscuits et dispose des petits tas de pâte tous les 3 cm.
- Fais cuire au four pendant 15 minutes.
- Laisse refroidir, puis décolle délicatement chaque bouchée avec une **spatule**.

Glaçage

- Casse le chocolat en morceaux dans une petite **casserole**.
- Ajoute le beurre.
- Fais fondre le tout à feu doux, en brassant avec une cuillère en bois.
- Lorsque le mélange est bien lisse, le glaçage est prêt.
- Trempe chaque bouchée dans le glaçage et dispose-les sur une assiette.
- Laisse refroidir.

Quand tu as terminé, nettoie le comptoir et passe le **balai**.

5 La cave (pages 180 à 183)

1.

2. a) Un escabeau b) Un chauffe-eau
c) Une pelle

3. a) Une binette b) Un râteau
c) Une tondeuse

4. a) Une brouette b) Une échelle
c) Un tuyau d'arrosage

5. Jardinage chez Conrad

Conrad a demandé à ses neuf frères de venir l'aider à aménager le jardin de sa nouvelle maison. Arrivés très tôt, ils se sont précipités dans la cave.

Lucien et Gontran en ressortent avec une **pelle** et un râteau. Ils se dirigent vers la clôture. Lucien creusera des trous pour planter des pommiers et Gontran ratissera la terre autour des jeunes arbres.

Ils sont suivis d'Émile qui tire sur le **tuyau d'arrosage** et arrose partout.

Omer a sorti la **brouette**. Il est en train de transporter des roches au fond du jardin, mais pourquoi? Personne ne le sait.

Gaspard est déjà dans le potager. Seul dans son coin, il remue la terre avec une **binette**. Arthur sort la **tondeuse** pour tondre le gazon et Alphonse, son frère jumeau, a déjà son **balai à feuilles** à la main pour ramasser l'herbe coupée.

Conrad ne fait rien parce qu'il a un rhume des foins.

Bernard et Bruno, les deux plus jeunes de la famille, sortent les derniers de la cave. Bernard porte sur l'épaule le **pousse - neige** et Bruno tire derrière lui la **souffleuse**.

Conrad les regarde et leur crie: «Hola! les nigauds! Vous vous êtes trompés de saison.» Et les sept autres cochons se tordent de rire. La journée commence bien.

6.

Alphonse **Gontran** **Omer**

Lucien **Bernard** **Gaspard**

Bruno **Arthur** **Émile**

PENDRE LA CRÉMAILLÈRE.

LES MURS ONT DES OREILLES.

SORTIR DE SES GONDS.

DÉBARRASSER LE PLANCHER.

ÊTRE DANS DE BEAUX DRAPS.

AVOIR UNE ARAIGNÉE AU PLAFOND.

ÊTRE ASSIS ENTRE DEUX CHAISES.

On nous écoute peut-être sans qu'on le sache.
Indice : Les clôtures ont des orteils.

Se mettre en colère.
Indice : Partir au Japon.

Fêter son installation dans une nouvelle maison.
Indice : Fendre la moustiquaire.

Être un peu bizarre.
Indice : Asseoir un chansonnier au salon.

Hésiter entre deux possibilités.
Indice : Viens ici, mets-toi à l'aise.

Être expulsé d'un endroit.
Indice : Débarbouiller le boucher.

Vivre une situation difficile.
Indice : Naître à l'opéra.

Banque de mots

